PAPILLON

PAPILLON

LOUÏZ

AVEC FLORENCE BOUTÉ

Sous la direction
de Frédéric Veille

City
Témoignage

Photo de couverture : © Laure Veille
ISBN : 978-2-8246-2229-3
Code Hachette : 61 9780 7
Collection dirigée par Christian English et Frédéric Thibaud
Catalogues et manuscrits : city-editions.com

Dépôt légal : Novembre 2023

Sommaire

Pour la bonne compréhension de mon témoignage,
je parle de moi au masculin toute
une partie de mon histoire.
Pourtant, si je suis devenue femme
aux yeux de tous en 2017, je l'ai toujours été.

1

Rihanna

Valérie s'est redressée, a légèrement reculé les épaules, incliné la tête, comme pour contempler son chef-d'œuvre, son pinceau encore dans sa main prête pour une ultime retouche. J'ai alors ouvert les yeux et ai été subjugué par l'expression de son visage, mêlée de surprise et d'admiration.

« Waouh. »

À cet instant précis, c'est le seul son qui sort de sa bouche. Et moi, tout sourire, trop content de cette transformation, moi qui ne me suis pas encore regardé dans le miroir, j'éclate de rire tant sa stupéfaction est grande, et je trépigne d'impatience de me regarder.

Cela fait bien 20 minutes qu'assise sur le rebord de la baignoire, dans cette petite salle de bains,

Valérie a dégainé son arsenal. Fond de teint, poudre, blush, ombre à paupières, crayons, mascara… tout est là, dans une trousse emplie de pinceaux, de paillettes et de traces de fard, une malle aux trésors dont j'ignore tous les secrets, mais qu'elle manipule avec précision. Elle a choisi les couleurs avec application, n'a pas cherché à en faire trop. Elle a l'art et la manière. Son geste est précis, et tout à son œuvre, elle me répète que l'art du maquillage réside précisément dans sa discrétion, dans le fait de sublimer sans trop en faire. Elle a pris son temps, me demandant de fermer les paupières par moments, de regarder vers le haut à d'autres. Elle m'a intimé de cesser de rire, de ne pas bouger. Elle a effacé avec précision les petites traces de mascara ici et là et j'ai apprécié ce moment.

J'imagine que c'est ce que ressentent les femmes lorsqu'elles s'accordent quelques minutes d'intimité dans une salle de bains pour se « repoudrer le nez ».

J'ai laissé les pinceaux glisser sur ma peau, provoquant un délicieux chatouillis sur mes lèvres et mes paupières. J'ai aimé la douceur de la houppette sur mes joues et la précision des gestes de ma maquilleuse, si concentrée que la voix se fait toute douce dans ces moments-là. Sauf lorsqu'il s'agit de crier aux impatients qui tentent de pénétrer dans la salle de bains : « C'est occupé. » Et de reprendre aussitôt, avec la même minutie, le fil du trait d'eye-liner posé au ras du cil.

Maintenant qu'elle a achevé son chef-d'œuvre, et devant sa mine réjouie, je ne tiens pas une seconde de plus, il faut que je me regarde. Je me lève de la chaise sur laquelle je suis sagement posé depuis tout ce temps et me tourne vers l'unique miroir de la salle de bains, celui qui trône au-dessus du lavabo.

Et je me vois.

Mes pommettes scintillantes sous le blush.

Mes lèvres finement dessinées et délicatement rehaussées d'un gloss.

Mes cils recourbés et allongés au mascara noir.

Mes sourcils fins brossés, que la frange de la perruque effleure à peine.

Je vois une femme aux traits fins et délicats.

Je vois une femme élégante et raffinée.

Je vois cette évidence que je renie depuis bien trop longtemps.

Je vois celle que je suis au fond de moi.

Je me fixe dans le miroir, et mon regard ne se détache pas de cette bouche sublime, scintillante. Là, rehaussée d'un trait de crayon et d'un gloss savamment choisi par mon artiste, cette bouche se fait tout à coup gourmande, et je me surprends à la trouver parfaite. Je me souris, et mes lèvres lisses découvrent mes dents blanches, impeccablement alignées. Et je me plais. Ce sourire-là, irisé, pétillant, c'est moi.

Là, en face de ce miroir, comme elles sont loin, les années où je l'ai détestée chaque matin, cette bouche si bien dessinée, aux lèvres pulpeuses, tant elle renvoyait à des traits bien trop féminins pour mon corps d'adolescent qui ne demandait qu'à affirmer sa masculinité.

Et puis, mon regard remonte et je me regarde en face. J'entends les quolibets des autres qui me raillaient à cause de mes longs cils qui me conféraient des yeux de biche. Certains pensaient que je me maquillais, il n'en était rien. Mes amies auraient certainement payé cher pour avoir de longs cils naturellement recourbés. Moi, j'aurais donné n'importe quoi pour que l'on cesse de stigmatiser ce qui, de mon visage, rappelait celui d'une fille. Ce soir, afin de parfaire mon personnage, Valérie a même prévu des faux cils, mais ils auraient été superflus. Mes longs cils, ceux qui m'ont valu tant de moqueries, suffisent amplement à sublimer le regard surprenant que m'offrent les lentilles vertes.

Là, face à ce miroir, la femme que je vois est une évidence. Le maquillage rehausse ses traits naturellement fins et dessinés. Je prends conscience en quelques secondes que ce maquillage vient magnifier ce que je suis.

Ce soir, je me regarde comme si je découvrais mon reflet dans le miroir pour la première fois.

« Rihanna ! Mais oui, tu vas te transformer en Rihanna » !

Dans un éclat de rire général, là, sur ce parking au sortir de notre dernière répétition de l'année, nous avons décidé que nous passerions la soirée du Nouvel An tous déguisés en star. Je ne sais plus qui a choisi que j'endosse le costume de Rihanna, mais j'avoue que j'ai été très heureux de cette idée. Vu ma stature plutôt menue et ma peau métisse, j'aurais été plus ennuyé que l'on me demande de me transformer en Chuck Norris !

Rihanna, c'est un choix qui me va.

Elle est belle, raffinée, elle a les traits fins, et je suis certain qu'avec un peu d'imagination, je vais parvenir à m'approcher de la réalité. J'ai trois semaines devant moi pour affiner ma tenue et ce préparatif est à la fois une vraie réjouissance, et un léger embarras. Il va en effet falloir que j'investisse dans quelques accessoires féminins. J'adore le shopping, mais je ne suis pas un habitué des boutiques pour femmes, et en même temps, je crains que l'on comprenne que cette expédition shopping me plaît.

Alors je m'y rends seul.

Pas question de demander aux copines de m'accompagner. C'est étonnant d'ailleurs, je ne comprends pas bien d'où vient le plaisir que me procure cette séance de shopping.

Il me faut d'abord des chaussures. J'ai parcouru Saint-Denis de long en large, regardé toutes les vitrines, plus occupé d'ailleurs à établir un plan justifiant l'achat de chaussures à talons qu'à choisir le modèle. Bien sûr, je pourrais très bien expliquer aux vendeuses que je cherche une paire de chaussures à talons pour me déguiser. Mais ça ne me vient même pas à l'esprit.

Évidemment.

Moi, je n'ai pas du tout le sentiment de me déguiser. Je vais entrer dans la peau d'une femme pour une soirée. Peu importe finalement que je me transforme en Rihanna, en Madonna ou en Fée Clochette. Ce qui importe à cet instant précis, c'est que je vais être une femme, aux yeux du monde durant toute une soirée. Et il n'est certainement pas question de faire les choses à moitié. Sur ce point, mes amis me connaissent, ils se doutent que rien ne sera laissé au hasard.

Ma meilleure idée a été de prétexter vouloir faire un cadeau et avec le recul, nul doute que les vendeuses n'ont pas été dupes. Qui de nos jours offre des chaussures à talons à une femme ?

J'ai jeté mon dévolu sur des escarpins noirs, avec un talon moyen et pas trop fin, comme ceux que portent les hôtesses de l'air. Je m'en remets à leur supposée expérience, elles qui doivent forcément choisir des modèles confortables pour supporter les voyages, l'altitude, le piétinement. Je vais en effet devoir tenir la soirée. Mon pied n'est pas vraiment adapté à cette forme de soulier, alors je suppose que la forme est confortable, suffisamment large, et que la cambrure sera supportable. J'ai acheté les escarpins sans les essayer, indiquant probablement que mon amie viendrait les échanger si ça ne convenait pas.

Puis je me suis mis en quête de la perruque noire, cheveux lisses, coupe carrée bien dessinée, un peu comme Cléopâtre, et des lentilles vertes légèrement mordorées.

J'ai choisi une tenue confortable, j'aurais déjà bien assez des talons à supporter. Une amie m'a donc prêté un legging sur lequel j'ai passé une tunique noire évasée, resserrée sur les hanches, juste de quoi masquer mes attributs masculins. J'imagine qu'il existe d'autres subterfuges pour ça, mais le débutant que je suis n'en est pas à se poser ce genre de questions.

J'aurais pu m'arrêter là, considérant que la perruque, les talons et le maquillage ne laisseraient aucune ambiguïté. Au contraire, j'ai poussé la crédibilité à son paroxysme en m'improvisant une poitrine suffisamment généreuse pour que l'on y croie. Je pouvais me contenter d'emprunter un soutien-gorge à une copine, et le rembourrer de coton ou de chaussettes, mais cela n'aurait pas l'effet escompté. J'ai besoin d'être convaincant, crédible. Je ne veux pas que l'on voie Jovani déguisé en Rihanna. Je veux que l'on voie Rihanna.

J'ai étudié différentes manières pour me constituer ces prothèses et essayé plusieurs solutions : le soutien-gorge à coques rigides, les soutiens-gorge rembourrés de différents artifices, et la technique que je retiens finalement est de remplir deux chaussettes de grains de riz pour donner une forme naturelle à ma poitrine, puis de glisser mes deux prothèses dans une brassière, la moins chère que j'aie trouvée sur le marché. Sous la tunique ample, mes seins ont l'air tellement vrais que j'en suis moi-même assez stupéfait.

Les quelques essayages que je réalise dans l'intimité de mon appartement me prouvent que j'ai la volonté d'être hyper-crédible. J'imagine que certains de mes amis vont jouer la carte de l'extravagance. Moi, je joue celle de la transformation. C'est la première fois que je m'habille en femme, et il n'est pas question une seconde que je me grime, ce serait me trahir.

Évidemment, il n'est pas question que je quitte mon appartement habillé en femme. Je pars donc chez mes amis dans mes habits de ville et profite de leur salle de bains pour procéder à la transformation, à laquelle Valérie apporte la touche finale avec le maquillage.

Et j'avoue que lorsque je me regarde, je comprends la raison du plaisir que j'ai ressenti pendant ma session de shopping et de cette recherche de perfection. Là, devant ce miroir, maquillé, portant la perruque et les lentilles, ce que je vois est une évidence pour moi.

Mes amis verront Rihanna.

Moi, je me vois, moi, tel que je suis depuis toujours.

Et je pense à moi, tout petit, jouant avec ma voisine, choisissant toujours les rôles féminins. Quand nous parodiions Santa Barbara[1], j'étais Kelly Capwell ou sa sœur Eden, jamais Cruz Castillo, le valeureux policier. Lorsque je partais sillonner la brousse à vélo, j'étais Sailor Moon[2] ou Sailor Jupiter, jamais l'homme masqué. Et cela ne choquait personne. Et tout cela devient une évidence, là, face à ce miroir qui me renvoie une image plaisante, rassurante, une image que je connais intimement depuis

1. *Santa Barbara* : feuilleton américain diffusé quotidiennement en France de 1985 à 1992 et plusieurs fois rediffusé.

2. *Sailor Moon* : manga japonais adapté en feuilleton télévisé et diffusé de 1992 à 1997.

fort longtemps. Évidemment, j'ignore comment je gérerai l'après-soirée…

Je verrai ça plus tard.

En 2010.

Pour l'instant, je dois quitter la salle de bains, je sais que je vais en surprendre plus d'un. À commencer par Jimmy, le chéri d'une de mes amies. Nous travaillons ensemble dans une agence de voyages, et Dieu sait que nous n'avons pas toujours été très liés lui et moi. En plus d'être un macho invétéré, un homme certain de sa virilité, on peut dire qu'il n'apprécie pas vraiment les gays. Nouer des relations avec les gens qui croient en leurs préjugés, surtout pour le gay que je pense être, n'est jamais simple. Nous avons été amenés à devoir nous entendre pourtant, lorsqu'il a rejoint l'agence de voyages dans laquelle je travaillais et nos relations se sont apaisées parce que j'ai pris le parti de l'aider à s'intégrer et de faire tomber les barrières.

Ce soir, alors que je me tiens de dos au milieu de nos amis, que chacun découvre le costume de l'autre, que tout le monde rit et s'étonne des transformations opérées, j'entends la voix de Jimmy retentir dans la salle – « Waouh, qui est cette bombasse ? » –, et je comprends en me retournant vers lui que c'est de moi qu'il s'agit. Jimmy est surpris de me trouver aussi canon, moi, son collègue gay, et je prends en pleine figure l'effet que je provoque chez les hommes, ainsi vêtu et maquillé. Plus qu'une surprise, c'est une révélation, pour moi, qui n'ai pas pour habitude de surprendre les gens. Dans la vie quotidienne, je suis un homme aux traits fins, un peu efféminé, passionné de danse, avec un corps sculpté. Je ne suis pas un homme qui attire l'attention, je suis quelqu'un d'assez discret. Aussi, me rendre compte qu'habillé et maquillé en femme, je peux provoquer une telle impression me sidère autant que cela me révèle qui je suis vraiment.

Pourtant, ce soir, je décide de profiter pleinement de ma soirée. Je suis *la* surprise du réveillon, tout le monde est subjugué de ma transformation. Et alors que l'été bat son plein à La Réunion, que passé minuit, les perruques s'envolent, les talons sont oubliés sous les tables, et que tout le monde se jette dans la piscine. Moi, je reste Rihanna.

S'il y a bien un jour où je peux profiter d'être une femme, c'est ce soir, alors je n'en rate pas une miette. Je refuse de me baigner, car cela voudrait dire me remettre à nu. Et je n'en ai aucune envie. Ce soir, je suis cette femme et j'en suis fière, alors ma perruque, mes faux seins, mes talons m'accompagnent jusqu'au bout de la nuit.

Je n'ai finalement qu'un regret, c'est d'avoir interdit à mes amis que l'on me prenne en photo ou en vidéo, que l'on diffuse des images de moi en Rihanna sur les réseaux sociaux. Et j'ai de bonnes raisons d'exiger cela.

Depuis quelques mois, en plus de mon travail dans cette agence de voyages, je suis chorégraphe pour l'élection de Miss Réunion. J'étais danseur à l'élection de Miss Réunion en 2007, année qui vit le sacre de la Réunionnaise Valérie Bègue[1] devenue Miss France en décembre. Lorsqu'en 2008, je prends la direction chorégraphique du spectacle, tout le monde est encore très marqué par le récent scandale qui a entaché l'élection de Miss France, des photos de Valérie Bègue nue ayant été diffusées dans la presse peu après son élection. Un tel scandale pour une miss est un risque de devoir rendre sa couronne. Pour ma part, en décembre 2008, alors que je commence un contrat avec le comité Miss Réunion, et que je travaille activement à la préparation de l'élection de Miss Réunion 2009, il n'est pas question que des images de moi transformée en Rihanna circulent où que ce soit, et que l'image de Miss Réunion soit associée à *La Cage aux folles*[2].

1. Valérie Bègue, Miss Réunion 2007, a été élue Miss France 2008 le 8 décembre 2007.

2. *La Cage aux folles* : film d'Édouard Molinaro de 1978, dans lequel Ugo Tognazzi (Renato) et Michel Serrault (Albin) campent un couple d'homosexuels, propriétaires d'un cabaret de drag queens dont Albin est la star sous le pseudonyme Zaza Napoli.

Je ne suis pas prêt pour ça.

Je dois d'abord apprendre à devenir la femme qui vit en moi.

Celle qui est loin de tous ces clichés.

Celle qui est loin de toute sophistication.

Celle que je vais devoir laisser s'épanouir.

2

Jovani

Je suis né en 1983, dans un foyer modeste, mais ô combien aimant ! Mes parents avaient connu les affres du chagrin en perdant deux petites filles avant la naissance de Florence, ma sœur aînée, en 1975. Florence était une enfant miraculeuse, qui venait les rassurer sur leur capacité à être parents. Surtout, sa naissance avait rendu le désir de maternité plus que concret ! Puis Colette a pointé le bout de son nez en 1977, et dû finalement trouver sa place entre cette grande sœur « cadeau du ciel », et ce petit frère qui concrétisait le choix du roi. Ma naissance apportait à mon père ce fils tant attendu, celui avec lequel il jouerait au foot, celui dont il ferait un homme, à son image.

J'ai donc grandi, flanqué de deux grandes sœurs aimantes, sur les hauteurs de Saint-Denis, en pleine campagne. Notre paradis était tellement isolé que le chemin bitumé ne venait même pas jusqu'à la maison. La Réunion connaît parfois des pluies diluviennes. Quand la pluie s'abattait sur la ville, notre modeste quartier était inaccessible. J'ai passé les douze premières années de ma vie au milieu de la brousse, dans une maison en bois sous tôle, à battre la campagne sitôt l'école terminée.

Je garde de mon enfance le souvenir de moments tendres et joyeux. J'étais un enfant facile, relativement calme, plutôt bien dans ses baskets et dans sa vie. J'adorais me déguiser. Il suffisait de deux nœuds et trois pinces à linge pour que le vieux rideau devienne la robe de bal, dans laquelle je me pavanais, juché sur les talons de ma mère. Je traversais tout le quartier dans cet accoutrement, me déhanchant sur des talons trop grands, trop hauts, et ça ne choquait personne. J'imitais le mannequin de la publicité Régilait, dont on ne voyait que les jambes bouger avec adresse et une telle légèreté ! Qu'elle soit dans sa cuisine, dans sa salle de bains, ou montant dans l'ascenseur, la paire de jambes semblait danser toute la journée ! Tel devait être le pouvoir de ce lait en poudre : apporter de l'énergie et de la légèreté ! Moi, je partais de chez nous pour me rendre chez ma tante, déambulant sur la pointe des pieds, adoptant le même déhanché. J'avais dû tellement forcer le trait un jour que je m'étais retrouvé les quatre fers en l'air, dans le caniveau ! Cela étant, mon attitude, mes costumes et mon déhanché ne choquaient personne. On me prenait comme j'étais.

Aucune remarque.

Aucune moquerie.

Aucune gêne.

Ma mère ou ma tante n'auraient certainement pas manqué de me remettre à ma place de jeune garçon bien élevé si elles avaient été choquées.

Rien.

Et pas plus à l'école, d'ailleurs. J'y étais complètement intégré au groupe des filles, ça avait toujours été le cas et ça ne posait de problème à personne. J'étais là, entouré de Ketty et Ericka, mes deux meilleures copines, et je me sentais parfaitement à ma place. Dans tous nos jeux, je jouais le rôle de la maman et nul ne m'en empêchait. Maman recyclait les vêtements de mes sœurs, si bien que je portais parfois des tee-shirts bigarrés, et là encore, il n'y avait pas de remarque, pas de moquerie. Finalement, j'ai passé les années d'école primaire en étant asexué.

J'avais un corps de garçon, c'était un fait.

J'avais des goûts de fille, et alors ?

Je n'avais évidemment aucune conscience de la différence entre le sexe et le genre, je grandissais, heureux, dans une famille aimante, où l'on me prenait comme j'étais. Je ne peux pas dire que l'on m'« acceptait » tel que j'étais, car cela suppose un effort, une prise de conscience de quelque chose qui est contre nature et que l'on admet.

Ça n'était pas le cas.

J'étais moi, tel que j'étais, à me pavaner, déguisé, à jouer à la maman, à trimballer ma silhouette gracile, mon grand sourire et mes longs cils, à rêver de danse et de super-héroïnes, et c'était comme ça.

Personne n'y trouvait quoi que ce soit à redire.

Certes, mon père regrettait un peu que les poupées m'attirent davantage que les camions et les footballeurs. Un jour, il avait voulu jeter un immense sac dans lequel j'entassais les poupées récupérées auprès de mes sœurs et mes cousines. Il était temps pour lui de faire de moi un homme, un vrai. Ma mère s'y était farouchement opposée et mon père n'avait pas obtenu gain de cause. J'avais conservé mes poupées, et l'équilibre qu'elles m'apportaient.

Ma vie a changé quand mes parents se sont vu attribuer un logement social. Nous quittons notre case sous tôle, dans laquelle mes sœurs et moi partagions la même chambre, qui n'avait que deux lits pour trois, pour emménager dans un appartement social. Mon père était agent communal, et avait pu accéder à ce logement plus grand. Je n'imaginais pas un jour regretter les sentiers boueux ni les jours où, pour garder nos pieds au sec et nos chaussures propres, nous emballions nos pieds dans des sacs en plastique pour nous rendre à l'école, à un quart d'heure de marche de la maison. Pourtant, bien que nos conditions de vie s'améliorent grandement, je quittais Ketty et Ericka et refusais même de me rendre à l'école le dernier jour de classe, tant il m'était difficile de leur dire au revoir.

Ce déménagement signifiait aussi un changement de secteur et donc de collège. Je me souviens que ma mère avait tout fait pour que je n'aille pas dans le collège auquel je devais être affecté, parce que sa réputation le précédait dans tout Saint-Denis. Mais rien n'y fit. Je dus me résoudre à y passer les quatre années qui suivirent. Ça n'a l'air de rien, c'est le cas de tas d'enfants à La Réunion ou ailleurs. Pourtant, cette entrée en sixième allait marquer un réveil brutal pour l'enfant que j'étais.

Comme souvent, la prise de conscience est venue avec la méchanceté, à cet âge ingrat où chacun doit trouver un moyen d'exister, fût-ce en écrasant les autres, en les marginalisant, en voyant en eux une différence qu'ils ne comprennent pas et en la criant sur tous les toits, jusqu'à la rendre évidente aux yeux du plus grand nombre. À cette époque, je me rendais au catéchisme avec mon ami Mickaël, qui était très efféminé, ce qui ne m'avait jamais plus soucié que ça. Mickaël était comme il était, de la même manière que moi, je jouais avec les filles, parce que c'était là que se trouvait ma place, j'en avais l'intime certitude. À plusieurs reprises, j'avais entendu d'autres garçons de notre âge l'appeler *ti fanm* en créole. « Petite femme ».

J'avais bien senti que la phrase jetée en l'air à son intention n'était pas gentille. Que faute d'être une insulte, elle sonnait comme un jugement péremptoire. Surtout, le regard que ces autres portaient sur Mickaël était extrêmement dérangeant. J'étais confronté d'un seul coup au fait que n'importe qui pouvait donc porter ce même regard sur moi et affirmer avec une violence non feinte une appréciation, vraie ou fausse, sans plus de discernement et surtout sans aucune conscience du mal que cela pouvait provoquer.

J'avais 12 ans, j'entrais au collège loin de mon quartier sécurisant dans lequel j'avais grandi en toute liberté et insouciant. Je dois dire que le réveil fut implacable.

Des torrents d'injures m'ont fait prendre conscience que je grandissais dans le corps d'un garçon. Je savais, bien sûr, que j'étais un garçon, j'ignorais simplement ce que cela signifiait. Je n'avais rien construit autour de cette identité « masculine » et j'ignorais d'ailleurs que quelque chose devait se construire. Moi, je grandissais dans un corps dont je faisais ce que je voulais, avec des goûts qui m'appartenaient et qui me rendaient très heureux, j'attirais à moi beaucoup de filles auprès desquelles je me sentais moi-même, et tout ça m'allait très bien.

À 12 ans, je pris conscience que finalement, ça n'était peut-être pas si simple, qu'il y avait des cases et que ne pas y entrer faisait de moi quelqu'un d'insaisissable, et une proie facile. Et les garçons de ma classe allaient se charger de me le faire comprendre, en s'attaquant à tout ce qu'ils voyaient chez moi et pas chez eux. Tout y passa !

Mes longs cils recourbés.

Ma bouche pulpeuse.

Mes lèvres dessinées avec précision.

Ma voix fluette.

Les deux premières années de collège sont difficiles, parce que je lutte pour trouver ma place. Finalement, ma reddition arrive en quatrième quand je cesse de chercher à être qui je suis vraiment. En trouvant un code vestimentaire plus masculin, en adoptant des attitudes plus viriles, en essayant de sortir avec des filles, je n'ai pas l'impression de capituler. Je me noie simplement dans la masse, pour que l'on cesse de me pointer du doigt. Je laisse la part de féminité qui vit en moi s'exprimer dans la danse, que je découvre alors que j'entre en cinquième. Au grand dam de mon père qui attend toujours que je vienne taper dans un ballon, je m'épanouis sur le plancher, mes gestes sont sûrs et aboutis. Mon corps fin et souple est dans son élément.

Sur scène, je peux être qui je veux.

Surtout, je peux être qui je suis.

Et mon père en convient. Il assiste aux spectacles et constate que je ne suis pas sur scène pour faire de la figuration. Je prends un vrai plaisir à danser, et je laisse là s'exprimer toute ma sensibilité et ma grâce naturelle. Je ne suis jamais autant moi-même que dans ces moments-là. La danse est mon exutoire, ma planche de salut, et je progresse vite, très vite, parce que j'ai trouvé ma place. Ici, personne ne me juge trop ceci, pas assez cela.

Alors que je passe mon temps à réprimer mes attitudes, à essayer de construire l'homme que je suis censé être, la danse m'offre plus qu'un espace d'expression, elle m'offre un espace de vie, au plus proche de ce que je suis. La plupart des spectateurs qui m'applaudissent sur scène me voient jouer un rôle, à commencer par mes parents. Ils ignorent qu'en réalité, la part de composition est bien moins importante que celle à laquelle je m'astreins chaque jour pour entrer dans un costume qui n'est pas le mien. Finalement, quand le professeur de danse quitte son poste et me propose de le reprendre, mon père n'a d'autre option que d'admettre l'évidence : cette activité est salutaire et essentielle pour moi. Je n'ai que 14 ans lorsque je prends cette troupe en main, secondé par ma sœur Florence qui devient la présidente de l'association que nous créons, puisqu'elle est majeure. Ma légitimité ne fait aucun doute, je m'épanouis et puise au sein de cette troupe l'énergie de supporter le rôle que j'endosse à l'extérieur.

J'ai pris conscience de mon orientation sexuelle alors que j'étais en troisième. Le quartier que nous habitions était contigu avec un quartier résidentiel dans lequel une famille de métropolitains venait de s'installer. Le fils, Jean-Paul, avait un an de plus que moi.

Il a suffi d'un regard.

Nous nous sommes croisés.

Nous nous sommes regardés.

Le coup de foudre a été instantané.

L'attirance a été immédiate et réciproque.

J'avais été accepté dans le même lycée que Jean-Paul, qui proposait une option cinéma et audiovisuel, si bien que sa mère m'emmenait chaque matin. Jean-Paul et moi n'avons jamais parlé de cette attirance. Jamais nous ne nous sommes avoués notre désir, et jamais nous ne nous sommes touchés. Je recevais cette éducation qui faisait que j'avais décidé que je n'aurais pas de relations avant d'être majeur. Et puis un ou deux ans plus tard, alors que je voyais Jean-Paul chaque jour, j'ai appris que sa famille repartait en métropole. Mon premier amour platonique allait s'éloigner, et emporter mes quelques espoirs. En revanche, il n'emportait pas la certitude que j'avais alors d'être homosexuel.

Pourtant, le fait de sortir avec des filles met fin aux insultes dont je suis l'objet, car je me vois moi aussi affublé du surnom *ti fanm* et d'autres quolibets. Je n'y trouve pas grand plaisir, mais ça me simplifie la vie. Intérieurement, je cesse de lutter pour trouver une espèce de normalité qui rassure les bien-pensants, mais qui ne me ressemble pas.

Je gagne en maturité et en assurance aussi. À 18 ans, je deviens président de l'association et, là encore, on me trouve légitime. Je participe aux réunions organisées avec les élus et la municipalité, mon association a toute sa place dans l'agenda culturel de la ville, nos représentations sont saluées. L'artiste que je suis est reconnu et personne ne se demande si je suis gay ou bisexuel, si je suis trop efféminé ou pas suffisamment masculin.

De mon côté, je ne me pose aucune question sur la différence qu'il peut y avoir entre identité de genre et sexualité.

D'ailleurs, très franchement, nous sommes à la fin des années 1990, le sujet est plus qu'un tabou.

Qui se pose ces questions ?

Qui à cette époque s'interroge sur la définition

du genre et la différence qu'il peut y avoir avec le sexe ?

Qui sait ce qu'est une personne cisgenre ?

Le mot existe-t-il seulement dans le dictionnaire ?

Et alors, si ce sujet est absent des informations en métropole, noyées à l'époque entre l'affaire du sang contaminé, la guerre au Kosovo, le passage aux 35 heures, et le grand bug de l'an 2000, autant dire qu'à La Réunion, petite île au milieu de l'océan Indien, où tout se sait avant qu'on ait eu le temps d'éternuer, entamer une discussion sur ce sujet est relativement risqué, pour ne pas dire suicidaire.

À la fin des années 1990, la société a admis, en principe, que l'homosexualité n'est pas une maladie. Mais les discussions ne dépassent pas le cadre de l'orientation sexuelle. Les discussions sur le genre et la transidentité sont la plupart du temps réservées à une élite scientifique. Il y a trente ans, pour la plupart des gens, à moins d'être bien informé et très averti sur le sujet, une personne transgenre est d'abord un travesti qui au mieux gagne sa vie dans les cabarets, et au pire se prostitue. D'ailleurs, il faut attendre 1996, pour que l'association du Syndrome de Benjamin, reconnaisse que la transidentité n'est pas une maladie mentale, mais bien une question d'identité de genre. C'est dire si en trente ans, la société a progressé. Mais à la fin des années 1990, moi, j'ai 17 ans, et le chemin est encore long. Moi-même, je n'ai aucune conscience de celui qui m'attend.

Moi, je danse.

J'atteins ma taille adulte dans un corps peu viril, qui me convient puisqu'il est léger, gracile et souple et me rend la danse facile. J'ai bien compris que mon corps ne reflète pas ma personnalité, mais je ne le dis pas, et la scène comble mon besoin d'expression. J'ai également compris que je préfère les garçons, mais après le départ de Jean-Paul, je ne cherche pas l'amour.

3

Thierry

Génération Caramail !

Je suis de cette génération qui n'est pas née avec Internet, mais qui a très bien su prendre le train quand il fallut monter à bord. Je suis de cette époque où la connexion internet n'était pas instantanée, où il fallait connecter l'ordinateur au câble RJ45, parfois à la place du téléphone. La connexion mettait un certain temps à s'établir, et ceux qui l'ont connu n'ont évidemment pas oublié son bruit en 56K. Cet enchaînement de grésillements et de bips très singuliers, ces quelques secondes suspendues avant la délivrance, lorsqu'elle parvenait à s'établir… car ça n'était pas toujours le cas.

Je suis de cette génération qui a découvert le tchat sur Wanadoo devenu Orange peu après l'essor de ce que nous appelions « la Toile ».

Le tchat.

Ces salons de discussion à thème, auxquelles nous nous connections pour découvrir des amitiés virtuelles et échanger avec des gens parfois du bout du monde, parfois du bout de notre rue.

Comme tous les jeunes, à la fin des années 1990, j'avais un compte Caramail et MSN, qui nous permettait d'échanger par e-mail, mais aussi de tchatter.

Cela paraît d'autant plus paradoxal, que le jeune adulte que je devenais était donc plutôt bien dans son temps et dans sa vie, et n'avait aucune connaissance de la sexualité de manière très générale. Par exemple, j'étais convaincu que le fait que je ne sois pas circoncis serait un problème pour avoir un jour des relations amoureuses. J'étais aussi à l'aise derrière mon clavier et mon écran que maladroit et naïf. À ma décharge, j'avais aussi très bien compris que j'étais certainement différent, sans bien savoir quelle était cette différence. Cela me poussait à rencontrer des gens plus proches de mon identité, à fréquenter des jeunes comme moi, et ça n'était pas dans l'enceinte du lycée que cela était possible.

Caramail a été ma planche de salut, d'une certaine manière. Ce salon thématique regorgeait de gens « comme moi ». Et c'est là que je discutais des heures durant avec Franck, le tout premier crush de ma vie.

J'avais 19 ans.

Franck n'était pas du bout du monde, il était du bout de ma rue. En bons enfants de bonnes familles catholiques pratiquantes, nous fréquentions la même église. Cette première histoire est plus que discrète, elle est tue. Ce n'est pas parce que j'assume mon orientation sexuelle que je vais pour autant l'exposer au grand jour, et d'ailleurs, l'histoire ne dure pas.

Mais elle compte.

Elle compte, car elle me permet de me révéler à moi-même ce que je cache. Elle me permet d'une certaine manière d'accepter cette intimité, tout comme la danse me permet de laisser libre cours à la féminité qui est en moi.

Je travaille sur mon temps libre pour une agence de mannequinat, qui me permet aussi d'accepter de mieux en mieux cette part de féminité. Mais je vis dans le contrôle permanent, par peur de la violence, peur du rejet. Je contrôle tout, mon apparence, mon allure, mes attitudes. Je contrôle tout, jusqu'à ma voix. J'ai commencé à contrôler ma voix tout petit. Il faut dire que j'ai pris un sacré coup de massue alors que j'avais 12 ou 13 ans. Ce jour-là, j'avais téléphoné à un copain d'école qui avait été absent afin de lui communiquer la liste des devoirs. C'est sa sœur qui avait décroché et appelé son frère, lui disant que l'appel était pour lui. J'avais entendu clamer à l'autre bout de la maison : « C'est qui ? » et sa sœur de répondre sur le même ton : « Une fille ! »

Jusqu'alors, j'avais été attaqué sur mon physique, jamais sur ma voix. Ce jour-là, je me suis senti rattrapé par l'injustice. Quoi que je fasse, quoi que je dissimule, une part de moi crachait la vérité aux yeux et oreilles des autres, et c'était d'une violence inouïe. En grandissant, j'ai donc appris à tenir ma voix. Comme tous les adolescents, elle a mué, mais a conservé cette coloration à la fois grave et chantante. J'ai fabriqué une voix qui ressemblait à l'homme que j'étais censé être et au moment même où je forçais les traits de la masculinité pour passer inaperçu, voilà que mes cordes vocales refusaient tout contrôle. Pour autant, cette voix n'a jamais été un complexe, avec le temps, elle est plutôt devenue une sacrée alliée. Être mannequin à mes heures perdues me donne un sursaut d'assurance, parce que mon image androgyne est valorisée.

Finalement, je m'accommode d'un mal-être constant puisque je ne suis jamais moi tel que je me ressens. C'est toujours sur scène que je me sens le plus en phase avec moi-même, même lorsque j'interprète des personnages très hauts en couleur, que je ne suis pas dans la vraie vie. Je m'extériorise sur scène et là où le public me voit jouer un rôle, je suis simplement au plus proche de ma réalité.

Ma vraie première grande histoire d'amour me tombe dessus alors que j'ai 21 ans. La fête du

Bienheureux Frère Scubilion est un événement que peu de Réunionnais manquent. Né Jean-Bernard Rousseau dans l'Yonne en 1797, frère Scubilion débarque à La Réunion en 1833, île où l'esclavage n'est pas encore aboli. Après avoir contribué à l'évangélisation des Réunionnais, il prend part à l'abolition de l'esclavage, proclamée le 20 décembre 1848. Chaque année, les communautés religieuses de l'île organisent des processions, des fêtes, des veillées en mémoire de frère Scubilion, béatifié par le pape Jean-Paul II en 1989. En général, les festivités commencent par un pèlerinage. S'ensuivent des veillées de prière, des messes, puis les festivités en mémoire de l'abolition de l'esclavage.

Ce 20 décembre 1994, mes parents et mes sœurs ne manquent pas à la tradition : ils partent pour le pèlerinage dans les rues de Saint-Denis. Je n'y participe pas, car je suis chargé de l'organisation de la fête en mémoire de l'abolition de l'esclavage. Depuis plusieurs années maintenant, j'ai acquis mes lettres de noblesse auprès de la municipalité qui me confie l'organisation de différents événements. Je retrouve à cette occasion mon cercle d'amis, dont Thierry fait partie, puisqu'il sortait avec une de mes connaissances. Je ne saurais dire si je me suis déjà interrogé sur l'effet que me fait ce garçon. Le fait est que ce 20 décembre 1994, la magie opère. Il me rejoint une fois le spectacle terminé, nous parlons des heures durant, jusqu'à finir chez mes parents, où je vis toujours. Cette nuit, nous l'avons passée à refaire le monde dans tous les sens, rien de plus, jusqu'à tomber de sommeil. C'était évidemment compter sans le retour de mes parents – ma mère qui, comme toutes les mères, pousse délicatement la porte pour voir si son « bébé » est bien endormi, quel que soit l'âge du bébé…

Je l'ai entendue.

Je n'ai pas ouvert les yeux.

Je n'ai pas voulu voir la tête qu'elle a dû faire en découvrant un inconnu endormi sur mon lit, à côté de moi.

J'ai attendu qu'elle se couche pour changer de chambre aux premières lueurs du jour.

Thierry est parti sans faire de bruit.

La tête de ma mère le lendemain matin.

Je crois que dans l'arsenal des mensonges bidon et des excuses à deux balles, ce jour-là, j'ai à peu près tout dégainé.

Thierry ?

Mais c'est juste un pote !

On avait trop bu, ça n'était pas prudent qu'il rentre.

On s'est endormis, c'est tout !

Mais qu'est-ce que tu t'imagines ?

Soit j'ai manqué de conviction, soit j'en ai eu marre de me mentir à moi-même. Le fait est que ma mère n'ayant jamais épuisé le flot de questions, j'ai fini par couper court en lui disant que oui, Thierry était mon petit ami.

Et alors ?

Elle a été désarçonnée.

Elle ne s'attendait pas à une vérité si rapide et si crue.

Elle a été désarçonnée, mais elle ne l'a pas montré.

Pas de réaction à chaud qui puisse faire employer des mots que l'on regrettera plus tard.

Pas de larmes de désespoir.

Pas de cris de joie non plus.

Mais surtout, pas de jugement.

J'ai senti à ce moment-là qu'il allait falloir qu'elle avale la pilule, mais que c'était son problème, pas le mien. C'est en tout cas ce que me disait sa réaction.

Moi, je restais son fils chéri.

Homosexuel, soit.

À la limite, si elle avait dû m'enguirlander, elle m'aurait reproché le mensonge, mais certainement pas mon orientation sexuelle.

À partir de ce moment-là, elle s'est murée dans le mensonge avec moi, pour taire cette vérité à mon père. Nous avons fait corps.

Quelques mois plus tard, j'écrivais à mes sœurs. Ça n'était pas vraiment un *coming-out*, plutôt le besoin de mettre toutes les femmes de la maison dans la confidence. Colette n'est pas tombée des nues, elle le savait depuis longtemps. Florence a eu une réaction plus vive. Elle a une certaine idée de la place des femmes et de celles des hommes, et l'homosexualité n'a pas sa place dans ce schéma idéal. Et pour cause, ma sœur aînée fait partie de ces gens pour lesquels l'homosexualité ne peut être qu'un vice, et loin de moi l'idée de la juger. Je pense au contraire que si, moi, je peux la comprendre, alors elle saura me comprendre aussi. Je prends le temps de lui raconter la manière dont j'ai vécu mon adolescence.

Les moqueries incessantes.

La difficulté d'assumer une différence.

Les mensonges des années durant.

La souffrance de devoir se cacher, alors que l'on parle juste d'amour.

Et comme je le savais, Florence a fini par comprendre qu'il n'y a aucun vice à aimer une personne du même sexe, ni aucun drame d'ailleurs. Elle admet qu'aimer les siens, c'est avant tout vouloir leur bonheur et respecter qui ils sont au fond d'eux.

Florence grandit.

Florence mûrit.

Florence change.

Il aura fallu trois ans avant que mon père le sache à son tour. Trois ans durant lesquels Thierry n'a pas fait partie des réunions de famille. Sincèrement, je n'aurais jamais pensé que ma mère puisse taire cette vérité si longtemps à son mari. Finalement, c'est la confession qui aura eu raison du secret. Parce que le mensonge devenait trop lourd à porter, ma mère a fini par le confier au prêtre durant la confession. C'était un vendredi. Le prêtre a alors invité ma mère à révéler la vérité à mon père, à sortir du mensonge et à ne pas le laisser dans l'ignorance, cc qu'elle a donc fait.

Ce jour-là, comme d'habitude, je rejoignais mes parents à la messe et j'ai tout de suite senti que mon père était bizarre, qu'il se passait quelque chose. Ma mère n'a pas tardé à m'avouer qu'il était désormais informé de mon homosexualité, comme si elle avait révélé un secret d'État. Elle avait lâché la bombe, qui n'avait pas tardé à imploser dans la tête de mon pauvre papa. J'en informais Colette et Florence.

L'après-célébration dominicale s'est transformée en véritable conseil de famille. Je nous revois tous les cinq autour de la table, mes sœurs plaidant ma cause, expliquant à mon père qu'en réalité, on s'en moque, valoriser le fait qu'aussi étonnant que cela puisse paraître, mon homosexualité ne m'empêche pas de suivre mes études (je suis en BTS), ni de concrétiser mes projets.

Moi, j'imagine les pensées se bousculer dans la tête de ce papa, qui a passé toute mon enfance à attendre que je daigne taper dans un ballon pour découvrir que c'est la danse qui me fait vibrer, qui a dû en faire, des plans sur la comète, en imaginant que la relève était assurée avec un homme digne de ce nom dans la famille, pour découvrir un enfant fluet et efféminé. Et voilà que le gardien du nom était homosexuel ! C'était bien sa vaine !

L'intelligence a eu raison de tous ses préjugés. Il a fini par relativiser assez vite, comprenant que finalement, ça ne changeait pas grand-chose à sa vie, alors qu'être accepté par les miens changeait certainement beaucoup à la mienne.

Enfin quand même, avant de rendre les armes, il a confié espérer que je changerais.

Je ne lui ai pas laissé une once d'espérance à ce sujet.

Ma mère coupe également court à tous les espoirs de mon père en invitant Thierry à déjeuner. Il faut dire que Thierry passe de plus en plus souvent à la maison. Nous suivons les mêmes études et, pour ma troisième année en tourisme, je m'émancipe de papa et maman en m'installant seul dans mon appartement et en revenant simplement le week-end. Je réalise différents stages en métropole, à Montpellier et Lyon, histoire de finir de m'affranchir de la dépendance parentale.

À mon retour, c'est donc tout naturellement que Thierry et moi, nous nous installons ensemble et entamons notre vie de couple. Je m'épanouis dans ce couple. Je prends confiance en moi, tout en étant toujours en quête de je ne sais quoi. Je ne me sens jamais complet, jamais vraiment moi, mais jamais vraiment un autre non plus. L'histoire s'achève comme elle a commencé six ans et demi plus tôt, dans le calme, simplement parce que Thierry et moi sommes allés au bout de notre histoire ensemble.

J'ai appris dans cette histoire à entrer dans une case et à l'assumer, sans savoir que la case choisie n'était pas encore la bonne. Mais comme à ce jeu que nous partagions, enfants, quand mes sœurs essayaient de me faire deviner où était caché l'objet à trouver, je sens malgré tout que je chauffe. J'ai 25 ans, le monde à mes pieds, des projets à revendre, un talent indéniable, il ne me manque pas grand-chose pour trouver le Graal. Mais j'ignore encore ce qu'est ce Graal. Je ne suis pas encore allé explorer la dysphorie de genre.

4

Laurelle

Je n'ai pas encore 30 ans.

Au début des années 2000, une fois tous guéris de notre peur de l'an 2000, Internet est notre meilleur ami.

Google sait tout.

Google a des avis sur tout.

Google délivre des informations sur tout, y compris parfois sur ce que l'on préférerait ne pas savoir.

C'est donc sur Internet que je découvre que je ne suis pas unique. D'autres personnes que moi se sentent en désaccord avec leur corps. Une espèce de dysharmonie inexplicable, comme si j'étais né dans le mauvais corps. Je découvre sur Internet une communauté de personnes dites « transgenres ».

J'apprends qu'aussi étonnant que cela puisse paraître, dans la plupart des cas, le sexe avec lequel on naît correspond au genre que nous ressentons. C'est le cas des personnes cisgenres[1] : toutes ces personnes qui sont nées de sexe féminin ou masculin et qui, d'ailleurs, se sentent bien de genre féminin ou masculin également. Il y a donc des femmes cisgenres et des hommes cisgenres.

Et puis, il existe aussi des personnes transgenres, qui sont donc nées de sexe masculin ou féminin, mais qui se ressentent du genre opposé. Une femme transgenre est une personne de genre féminin née avec un sexe masculin. À l'inverse, un homme transgenre est une personne de genre masculin née avec un sexe féminin. Et quand on parle de « sexe », on évoque tout ce qui fait l'apparence d'une femme ou d'un homme, et non de sa sexualité. On évoque le sexe en tant qu'organe génital pour les hommes et les femmes, la poitrine, la pilosité… bref, tous ces attributs qui permettent au commun des mortels de considérer que parce qu'elle porte une barbe et les épaules larges, cette personne est un homme, alors que cette autre dont le visage est fin et la poitrine, généreuse est une femme. Certes, c'est une vision simpliste de la question, mais il n'en demeure pas moins que c'est de cette manière que la masse

1. Une personne cisgenre est une personne dont l'identité de genre (féminin ou masculin) correspond au sexe qui lui a été assigné à la naissance – cf. dictionnaire Le Robert.

populaire considère les choses : il y a des femmes et il y a des hommes.

Évidemment, ce n'est en réalité pas si simple puisqu'il existe aussi des personnes transgenres, qui sont donc nées avec un sexe ne leur correspondant pas.

Cela posé, vous comprenez sans doute mieux que la sexualité n'a rien à voir avec le genre. Une personne n'est pas homosexuelle parce qu'elle est transgenre, ou hétérosexuelle parce qu'elle ne l'est pas. Ça n'a juste aucun rapport et d'ailleurs, il n'y a pas de lien scientifiquement établi entre l'orientation sexuelle et la transidentité ou la cisidentité.

Autant vous dire que je ne fais pas une découverte. Au contraire. D'un coup, je peux poser des mots sur ce que je ressens au fond de moi depuis toujours, sans jamais m'être vraiment interrogé. Je vois écrit « transgenre » et je comprends que la femme que je suis est simplement née dans le corps d'un homme. Pour autant, si l'admettre n'est pas une affaire d'État, vivre avec risque bien d'en être une. Car en même temps que je parcours des pages et des pages internet, je découvre l'envers de la médaille et les préjugés, les amalgames. Difficile en effet, quand on parle de transidentité, de ne pas penser transsexualité et son apanage de raccourcis vers le travestissement et la prostitution. À l'époque, je suis plutôt bien dans ma vie, je fréquente une communauté gay et je sais que, partout, la transidentité, parce qu'elle est peu connue et incomprise, est associée à une débauche de vulgarité. Lorsque les médias parlent des personnes transsexuelles, c'est souvent pour illustrer la prostitution dans le Bois de Boulogne. Et l'île de La Réunion n'échappe pas à la règle. À cette époque, Radio Freedom, *la* radio que tout le monde écoute sur l'île, créée le buzz en s'adjoignant les services d'une transsexuelle très haute en couleur, très provocatrice, dont les excès alimentent évidemment tous les préjugés des « gens comme il faut ». Il en faut, des torrents d'imagination pour se dire qu'une personne transgenre pourrait aussi être prix Nobel ! Dans l'imaginaire collectif, la personne transgenre est au mieux complètement cinglée, au pire une prostituée. La transidentité renvoie, qu'on le veuille ou non, au scandale et à l'exubérance, tout ce que je ne suis pas au fond de moi.

Je peux vous assurer que se construire dans ce contexte n'est pas une partie de plaisir, et que s'accepter est loin d'être simple. Alors, même si je tchatte sur les réseaux, si j'échange avec d'autres femmes transgenres, je tais à mes proches qui je suis vraiment. Surtout, l'expérience des tchats en ligne est parfois très violente et me conforte dans l'idée de ne surtout pas me révéler. Un jour, je m'inscris sur un tchat, sous le pseudonyme Laurelle, en précisant que je suis « travesti ». Il n'a pas fallu longtemps avant que je reçoive une vague de messages d'hommes très intéressés et très curieux, à la recherche de l'expérience sexuelle hors norme, hors classe, inavouable. Certains me demandent des photos, d'autres, le tarif. Et je sens le poids du jugement peser un peu plus lourdement sur mes épaules.

Car je ne suis ni un travesti ni une prostituée, je suis juste une femme en quête de rencontres et d'amour, née dans un corps qui ne me ressemble pas.

À cette période, j'habite un appartement en rez-de-chaussée, si bien que tous les passants voient chez moi. Aussi, c'est dans l'intimité des volets baissés que je teste mon style. Là, seule fasse à mon miroir et à moi-même, j'utilise le maquillage acheté pour les spectacles et les vêtements commandés en ligne pour être moi, telle que je me ressens. Mais il est évidemment hors de question que je sorte « déguisée » en femme.

Car ça n'est pas un jeu.

Il a fallu des mois, peut-être même plus d'un an, avant que je tente une rencontre avec un homme.

Un homme cisgenre plutôt attiré par les femmes cisgenres.

Évidemment, il n'est pas question de nous donner rendez-vous dans un bar ou un restaurant comme le font la plupart des autres personnes qui se rencontrent sur Internet. C'est lui qui vient chez moi.

Lui est un habitué des rencontres, avec des femmes cisgenres.

Moi, je n'ai pas les codes.

Je ne suis qu'une débutante, qui en est encore à s'excuser d'être elle-même maladroite et un peu empruntée dans cette nouvelle identité.

J'ai parfaitement conscience que je représente un fantasme pour cet homme qui se dit hétérosexuel. Et j'avoue que la situation m'intrigue vraiment, car j'ai bien conscience de l'effet que je provoque aux hommes qui découvrent cette femme longiligne et fluette, cette femme à la fois gave et chantante, aux longs cils et aux mains fines. Dans ce regard-là, je me sens désirée comme pour la première fois.

Mais j'ai aussi conscience que cela ne peut exister qu'entre quatre murs et certainement pas au grand jour.

Je découvre avec cet homme que la manière dont les hommes abordent les femmes n'a rien à voir avec celle dont les hommes homosexuels s'abordent entre eux.

La manière de plonger dans mon regard.

Le toucher subtil et ferme à la fois de ses mains sur mes hanches.

Les gestes à la fois amples et sûrs.

La langueur du baiser.

La danse immobile qui nous enlace.

C'est comme si l'on me touchait pour la toute première fois. Jamais auparavant le fait d'être désirée ne m'avait fait ressentir un tel frisson. Jamais. Je suis à fleur de peau, et pour la première fois de ma vie, un homme désire la femme que je suis.

C'est à la fois une sensation enivrante et un immense regret, car le seul moyen d'atteindre cet état de grâce est de rester cachée, de taire ma véritable personnalité. Je suis bonne à rester cachée toute ma vie, et à vivre de relations épisodiques avec des hommes qui demanderont toujours la plus grande discrétion parce qu'ils n'assumeront jamais de ressentir un tel désir pour une femme transgenre, et parce que la plupart du temps, je suis une aventure dans leur vie de couple trop sage et ennuyeuse. Je suis la part de fantaisie qui leur manque, je ne vaux pas plus, je ne suis que le travelo de service, jamais la femme accomplie, directrice d'une compagnie de danse.

J'ai passé mon adolescence à essayer d'être un homme.

Je commence ma vie d'adulte en cachant la femme que je suis.

Où que je sois, je ne porte jamais le bon costume.

Jovani, le jour, prête ses traits aux personnages qu'il fait vivre sur scène.

Laurelle, la nuit, sert les fantasmes des hommes en mal de sensations.

J'ai besoin que ça change.

J'ai besoin d'être moi, de jour comme de nuit, sur scène et dans l'intimité.

5

Marie-Yvette

Se débattre avec les idées reçues.

Éloigner le spectre de la prostitution.

Lutter contre le travestissement.

Protéger ma carrière.

Accueillir la notoriété.

Répondre aux questions, sans chercher à convaincre.

Le challenge de cette année 2017 est de taille, mais je me sens enfin prête à le relever. Je vais me donner les moyens d'être celle que je suis.

Ma détermination doit s'accommoder de l'inconnu.

J'avoue que je ne sais pas trop par où prendre le sujet. J'ignore comment s'entreprend une transition, par où elle commence, qui peut répondre à mes questions, qui peut m'accompagner dans ce parcours qui, j'en ai une petite idée, ne sera pas de tout repos. Je bénis le fait qu'Internet soit entré dans nos vies depuis une vingtaine d'années ! J'ignore comment procédaient les gens qui, comme moi, étaient nés dans le mauvais corps, avant l'avènement du Web. Moi, bien installée dans mon canapé, je profite de mon temps libre pour interroger les moteurs de recherche.

Entreprendre une transition.
Comment devenir une femme quand on est un homme.
Femme transgenre opération.
Quel traitement pour devenir une femme.
Quelles opérations subir pour devenir une femme.
Comment changer de sexe.
Consulter un endocrinologue à La Réunion.
...

Google a accueilli mes dizaines de questions, me renvoyant tour à tour vers des témoignages de femmes transgenres ayant sauté le pas, des sites médicaux, des explications très fouillées sur la vaginoplastie, le site du service public pour le cas où ma démarche consisterait aussi à entreprendre le changement d'état civil. Mais surtout, j'ai découvert sur YouTube un site d'entraide pour personnes transgenres. Alors, j'ai commencé à échanger avec d'autres femmes dans ma situation.

D'autres femmes qui ont parcouru le chemin.

D'autres femmes qui aimeraient le parcourir.

D'autres femmes qui savent qu'elles n'emprunteront pas cette voie, mais en rêvent pourtant.

Et nous avons parlé de tout, des sujets les plus banals aux sujets les plus intimes, pour ne pas dire tabous. Là, protégées par nos écrans et nos pseudonymes, nous laissons nos langues se délier, partageons nos pensées ; nos peurs se font jour, les freins s'expriment. J'ai compris que chacune d'entre nous a son chemin, et qu'en fonction de la famille dans laquelle nous sommes nées, du milieu dans lequel nous grandissons, nos chances ne sont pas les mêmes. Si cela est vrai pour le commun des mortels, ça l'est encore plus dans la différence. Et c'est là que les frontières avec la prostitution et les amalgames en tout genre sont les plus minces.

Il y a celles qui, au prix de leur transition, ont été abandonnées de tous.

Celles qui n'ont pas pu rebondir dans leur métier et ont cherché d'autres voies, parfois peu salutaires.

Celles qui ont juste poursuivi leur vie, comme si rien ne s'était passé, avec le ou la compagne d'avant.

Celles qui souffrent de transphobie.

Celles qui s'assument et sont bien plus heureuses.

Celles qui ne se sont toujours pas remises des interventions chirurgicales.

Celles qui ont encore mal dans leur corps.

Celles qui se sont complètement révélées à elles-mêmes depuis la transition.

Il y a finalement autant de manières de vivre sa transition que de femmes, autant d'histoires et de parcours que d'individus. Mais ce que je retiens de ces nombreux échanges touchants, c'est qu'aucune de celles que j'ai « virtuellement » rencontrées ne regrette son passage à l'acte.

Aucune.

Simplement parce que, quel que soit le chemin qu'elles parcourent, elles sont entières, uniques, complètes. Et rien ne dit que le chemin eût été moins douloureux si elles ne l'avaient pas fait, sinon qu'elles habiteraient toujours le mauvais corps, ne seraient toujours pas en harmonie, continueraient à jouer un rôle aux yeux des autres et du monde. Ces échanges, émouvants quand elles évoquent la famille qui les délaisse, drôles quand elles parlent des essayages et des looks que l'on se crée, forts quand elles revendiquent leur droit à être simplement ce qu'elles sont, me nourrissent.

Je me retrouve tellement en elles.

Il y a dans chaque échange quelque chose qui résonne en moi, une certaine détermination, une route à suivre, qui me semble tracée. J'apprends surtout qu'entamer le chemin implique de s'affranchir avant tout du regard des autres. Parce que le regard que l'on a sur soi est évidemment bienveillant. Je ne suis pas arrivée à 34 ans dans un corps qui ne me correspond pas sans avoir travaillé sur moi, sans avoir admis ma singularité, qui n'est ni une tare, ni un handicap d'ailleurs. Or, c'est précisément ce que renvoie le regard des autres : une personne transgenre doit quand même avoir un sérieux problème dans sa tête pour en arriver là.

Eh bien non !

Il y a bien un problème, mais il n'est pas dans la tête, il est dans le corps.

Alors finalement, peu importe ce qu'ils pensent ou disent, la vérité, c'est ce que je ressens, ce que je recherche, pas ce que les autres me dictent. J'en ai fini de me renier, je décide enfin d'avancer pour moi.

Le déclic se produit alors que je consulte mon ostéopathe. Tandis que je libelle mon chèque, je vois qu'il pratique également l'hypnose thérapeutique. Je lui fais alors part de mes questionnements du moment. Il suggère de pratiquer deux séances espacées d'un mois, qui m'aideront précisément à me détacher des regards extérieurs, à m'affranchir des avis des uns et des autres. Je compte sur ce lâcher-prise bienfaiteur pour susciter l'impulsion du changement dans mon inconscient. Je suis sortie assez étonnée de cette première séance où j'ai été bercée durant une heure par la voix chaleureuse et douce de l'hypnothérapeute. À aucun moment je n'ai eu le sentiment d'être hypnotisée. Au contraire, j'ai eu celui d'être en pleine possession de mes pensées et de mes moyens tout au long de la séance. Cependant, je n'ai pas eu conscience du temps qui s'est écoulé entre le moment où je me suis installée sur ce canapé et celui où je m'en suis relevée. Les yeux fermés durant toute la séance, n'écoutant que la voix du thérapeute et ma propre respiration, j'ai eu le sentiment d'une jolie balade, apaisante, mais certainement pas de m'être retrouvée en état de conscience modifiée. J'avoue être sortie de ce rendez-vous un peu perplexe.

J'ai cependant observé un certain regain d'énergie dans la semaine qui a suivi cette première séance. Une forme d'allégresse, l'énergie de ceux qui rentrent de vacances. Je me suis sentie défatiguée, en pleine forme, mais sans pour autant me sentir prête à ce fameux coming-out, cette annonce à ma planète entière que j'allais entamer une transition et vivre désormais en tant que femme.

J'ai poursuivi mes activités, sans voir arriver le deuxième effet.

Que dis-je, le raz-de-marée.

La vague émotionnelle submersive.

La descente aux enfers.

Les torrents de larmes.

Trois semaines.

Cet enfer a duré trois semaines.

Trois semaines durant lesquelles j'ai vécu, la gorge nouée, les poings serrés, les mâchoires scellées l'une à l'autre, sans pouvoir jamais réprimer les vagues de sanglots qui m'ont envahie. Je vis une situation émotionnelle d'une intensité rare, inédite pour moi. Mon équilibre psychologique s'est effondré. C'est comme si la femme qui est cachée depuis toutes ces années au fond de moi avait pris le pas sur le reste, explosé le costume, enfin pris la place.

Sa place.

Ces quelques semaines s'accompagnent de larmes. Beaucoup de larmes. D'angoisses. De nuits blanches. Je sais au fond de moi que ce que je traverse a un sens, que c'est un mal pour un bien. Mais que ces semaines sont interminables avant que je n'entrevoie la lumière, le calme après la tempête. Chaque jour qui passe me rapproche du second rendez-vous, et je suis toujours dans la tourmente, incapable de saisir ce qui pourrait m'apporter un peu de réconfort.

Ma planche de salut, c'est cet e-mail que j'adresse à mes amis, la veille de ce nouveau rendez-vous chez l'hypnothérapeute.

Cette fois, je leur dis tout.

Tout ce que je n'ai jamais dit.

Tout ce qu'ils ont peut-être déjà pressenti, deviné, mais que je n'ai jamais verbalisé de cette manière.

D'abord, je leur écris mon choix.

Je leur révèle qui je suis, ce que je vise, le parcours que j'entreprends.

Puis, je leur livre mes peurs, mes doutes, la crainte d'être incomprise, jugée, étiquetée, cataloguée. Et en même temps, à ce stade, je suis suffisamment solide pour savoir que ceux qui ne comprendront pas sortiront naturellement de ma vie.

Cet e-mail a à la fois pour but de mettre enfin des mots sur ce que je traverse, et peut-être aussi de me rassurer un peu. Au fond de moi, je sais qu'aucun de ceux auxquels j'adresse cette lettre ne jugera, justement. Je les connais tous, je les aime tous, ils me connaissent dans mes moindres recoins. C'est fort de ces sentiments que j'appuie sur « Envoyer ».

Voilà, c'est fait. Je ne peux plus reculer. Mon stress et mon désarroi de ces dernières semaines laissent la place à une paix intense. Un calme bienfaiteur. La sensation que j'assume enfin en pleine conscience tout ce que cette transition suppose, emporte, génère.

Les réponses ne tardent pas à me parvenir, pleines de douceur, de compréhension, de bienveillance. Aucun de mes amis n'est étonné, certains lâchent même un « enfin ! » presque salvateur, comme l'est la reprise d'une bouffée d'air frais après une trop longue apnée.

Ceux qui me connaissent trouvent ma transition normale. C'est la suite logique du chemin que j'emprunte depuis de si nombreuses années.

Ceux avec lesquels je travaille me voient évoluer sur scène, ils assistent, spectateurs, à la prise de pouvoir de la femme qui dort en moi.

Ceux auxquels je me confie le plus souvent ne voient rien d'extraordinaire à cette décision.

Tous sont unanimes et le mot qui revient le plus souvent dans leurs messages est « normal ». Je comprends que ce chemin est donc la suite ordinaire pour une personne « extra-ordinaire ». Je comprends aussi que je suis normale, au sens où je suis conforme à ce que les autres se représentent de moi et que ce que je m'apprête à entreprendre était prévisible.

Finalement, ce que je pensais être le scoop du siècle, la révélation de l'année, s'avère une non-annonce qui n'étonne personne. Tout le monde savait, tout le monde s'y attendait, cela n'étonne personne.

Dopée de ces premières réactions qui me rendent une certaine légitimité que je ne pensais pas avoir, j'entreprends de faire mon annonce à mes sœurs. Le moyen le plus simple, le moins encombrant, le plus sûr aussi, même s'il n'est pas le plus « sincère », c'est le groupe d'échange par SMS que nous partageons toutes les trois. Je choisis ce moyen parce qu'il est direct et efficace, et me protège dans une certaine mesure. Je le sais pour le pratiquer suffisamment, écrire oblige à peser les mots. L'écran me protège, me tient à une certaine distance de leurs émotions et me prive de voir leurs réactions. C'est exactement ce que je veux : ne pas voir si elles sont rassurées, enchantées ou déçues. Ne pas avoir à me justifier avant même qu'elles aient verbalement exprimé quoi que ce soit. À cet instant précis, je me choisis, moi. Je me place dans la situation que je choisis pour moi, parce que je sais intimement que rien ni personne ne me fera changer d'avis. Je n'ai personne à convaincre, je ne leur adresse pas une question. Au contraire, je leur fais part de ma décision et je n'attends aucune approbation de leur part. En leur adressant ce SMS, c'est exactement ce que je renvoie : voilà quelle est ma décision, ce que vous en pensez vous appartient, je ne le juge pas.

Et comme je m'y attendais, c'est encore une non-annonce. Pour Colette en tout cas. Elle me répond l'avoir toujours su, et je suis touchée que tout en l'ayant toujours su, elle ait respecté chaque étape de ma vie, de mon chemin. Nous n'avons jamais abordé ce sujet, elle et moi, et pourtant, il semble qu'elle ait toujours vu en moi une deuxième sœur plutôt qu'un petit frère.

Et comme je m'y attendais également, Florence respecte mon choix. Florence avait déjà parcouru un chemin complexe une quinzaine d'années plus tôt, quand je lui annonçais mon homosexualité. Ce premier coming-out avait été un séisme pour elle. J'ai parfaitement conscience que sa morale, ses valeurs, ses fondements ont dû être torturés par ce jeune frère qui, décidément, ne fait rien comme personne. Et je sais quel chemin elle a parcouru depuis cette époque. Je l'ai vue s'ouvrir, réfléchir à ces questions qui la dépassaient il y a quelques années seulement, comprendre et accepter que les chemins de vie puissent emprunter des routes plus ou moins sinueuses, sans que cela porte atteinte à l'amour que l'on se porte au sein d'une famille ou d'une fratrie. Je ne suis pas étonnée, donc, quand elle me répond le plus simplement du monde qu'elle respecte mon choix et m'assure du soutien de chacune des femmes de la famille. Ce soutien-là est très précieux. Nous n'entrerons pas dans de grandes discussions parce qu'elle sait au fond d'elle que ce chemin existe en moi depuis ma plus tendre enfance. Elle sait les milliers de questions auxquelles j'ai dû, seule, trouver les réponses, elle sait ce que ce choix m'a demandé d'abnégation, de résilience, d'acceptation de moi. Elle le sait tellement qu'elle ne peut que respecter ce changement radical, sans finalement trop s'interroger sur ce que cela suscite en elle. En entamant la discussion, j'attendais juste qu'elle respecte mon choix, et c'est exactement ce qu'elle fait. Je sais que pour Florence, ça n'est pas rien. Ces histoires d'identité de genre viennent bousculer chez elle certaines fondations, et ça aussi, je le comprends et le respecte.

Il me reste alors à le dire à Marie-Yvette.

Marie-Yvette qui a mis au monde un garçon. Qui l'a élevé dans cette case en bois sous tôle, qui a menti durant des années à son défunt mari pour protéger son fils homosexuel, qui se rend chaque semaine à l'église prier pour ses enfants, ses proches disparus et pour elle, demandant peut-être au Seigneur de lui épargner un autre séisme. J'ai retourné mille fois dans ma tête la manière de le lui annoncer, j'ai cherché le bon moment, préparé soigneusement mes mots. Ce n'est pas parce que je suis sûre de son amour que je ne dois pas la préserver d'une secousse émotionnelle trop violente.

L'occasion se présente quelques mois plus tard. Un magazine réunionnais consacre une double page à Louïz, l'artiste. Mon premier single *Y croire*[1] vient de sortir, et ce texte dans lequel j'ai pesé chaque syllabe, ne laisse aucun doute quant au fait qu'il me permet de réaliser mon coming-out auprès du public.

---

1. *Y croire*, premier titre de Louïz, paru en 2017. Vidéoclip réalisé par Mickaël Gresset.

Un vide sur son existence
En quête d'une raison, d'un sens
On s'effondre et on recommence
On proteste avec véhémence
Rejetant toute indolence
On s'lance avec irrévérence
Vers nos rêves et nos évidences
Écrire l'histoire
Que nos miroirs reflètent l'espoir.

Fuir un jour ce quotidien
Imposant ce destin commun
Croire en soi, en ses lendemains
Délaisser tous nos repères
Défier l'ordre de l'univers
Une oasis dans nos déserts
Pour abreuver toutes nos prières
Croire en soi
En cette voie devant soi

Tous ces barrages, par peur du naufrage
On fuit nos mirages sonnant la fin du voyage
Retour en cage, adieu aux nuages
Sur ces nouvelles pages
Les mots remplaceront les images

Pour s'assurer un avenir parfait
Une vie chamboulée
Des paradis abandonnés
Rêves égarés, existence bien rangée
Bonheur prospérité
Jouer la carte de la sécurité

Écrire l'histoire
Que nos miroirs reflètent l'espoir

Ouvre tes yeux
Ose et sois heureux
Sois riche de ton bonheur
La vie est courte, n'en aie pas peur
Un brin audacieux
Prétendre à ce futur radieux
Balayer toutes ses peurs
Pour des lendemains évocateurs

Apaiser toutes nos blessures
Se nourrir de désinvolture
Faire tomber tous les murs
Qui nous retiennent et nous censurent
Nourrir l'espoir qui nous tient
Se risquer jusqu'à la fin
Que le destin puisse enfin naître

Lorsque j'écris ce texte, je me mets à nu. Jamais je n'ai exprimé aussi clairement et simplement qu'il y a plus important dans nos vies qu'être un homme ou une femme, il y a l'impérieuse nécessité d'être soi d'abord. Ce texte me paraît assumer au grand jour qui je suis. Ce texte, c'est moi en tant que femme, et moi en tant qu'artiste, qui me saisis de ma plume et de ma voix pour soutenir tous ceux qui se sentent différents, exclus à leur place. Ce texte, c'est une manière de dire que la bonne place est d'abord celle que l'on se choisit et que l'on assume.

Et si toutefois certains ont encore des doutes sur le propos, le vidéoclip qui accompagne la sortie de ce titre est sans équivoque. Le pitch est relativement simple : sur une île paradisiaque, un bel homme rencontre une très jolie barmaid, la séduit, l'emmène survoler l'île en hélicoptère, découvrir la baie en bateau, assister au coucher de soleil au cours d'un dîner sur la plage et puis, quand vient le moment de l'embrasser, alors qu'il l'enlace, elle s'enfuit. Il la suit dans la chambre où elle se réfugie et la voit se déshabiller, alors il comprend et tourne les talons… avant, finalement, de revenir.

Dans mon propre rôle, j'apparais dans presque tous les plans du clip, en barmaid en uniforme, dans une combinaison de pilote bordeaux, dans une robe de plage, dans une robe de cocktail dorée, dans un tailleur-pantalon rouge et dans une robe de scène blanche immaculée. Aucun doute possible, je suis bien toutes ces femmes. Je suis cette femme, sûre d'elle, celle qui croit en elle et en son destin. Surtout, si ce vidéoclip ne devait délivrer qu'un message, il consisterait à dire que l'amour, le vrai, se fout bien de notre sexe et n'a pas de genre. On tombe d'abord amoureux d'une personne. Ce vidéoclip est aussi un vrai pied de nez à la stigmatisation des personnes transgenres. Il démontre que l'on peut être une femme transgenre très belle, sexy, attirante, sans vulgarité, de la même manière que peuvent l'être tout simplement toutes les femmes de manière générale.

Ma chère maman lit ce texte, écoute le titre, regarde le vidéoclip ne comprend pas où je souhaite en venir. Alors je décrypte les mots derrière les mots, j'explique, je vulgarise ce que j'ai appris à verbaliser désormais depuis quelques mois.

Et elle comprend.

D'ailleurs, je crois qu'au fond d'elle, ce n'est pas tant l'identité de genre qui la préoccupe que la manière dont cela influera ou pas sur mon travail. Au moment où ma mère comprend que la nature n'a pas si bien fait les choses qu'elle le pensait, elle qui, en attendant ce troisième enfant, espérait bien que ce serait un garçon, perçoit aussi qu'elle ne perd pas son enfant.

Tout change et rien ne change à la fois.

Tout change au sens où elle va devoir désormais me genrer au féminin, voir en moi la femme qu'elle ne voit pas encore et qu'elle n'a pas mise au monde.

Rien ne change au sens où tout ce que nous avons partagé depuis trente-quatre ans, toutes ces valeurs qu'elle m'a enseignées, cet amour qu'elle m'a apporté, ne disparaît pas. C'est d'ailleurs précisément parce que j'ai été nourrie de cet amour, de ce respect, de cette sécurité affective que je peux repousser mes propres limites.

Ma mère s'inquiète pour moi avant de se demander ce qu'elle en pense, ce que ça lui fait, les questions que cela pose.

Ma mère ne juge pas le changement d'identité, elle sait que l'enfant qu'elle a mis au monde, qu'elle a élevé, est là, bien en vie et que de cette transition dépendent son équilibre et son bonheur.

Les premiers temps, elle a eu quelques difficultés à dire que j'étais sa fille. Il lui arrive de temps en temps de parler de moi au masculin, simplement parce que pour elle, je suis cet enfant qu'elle a mis au monde. Je l'ai parfois entendu dire : « Quand tu étais petit », « Louïz, il adorait la danse »… Autant de « il » qui lui échappent parce que je ne peux pas lui enlever le fait que ma mère a mis au monde un petit garçon. Finalement, comme tout vient toujours à point à qui sait faire preuve de patience et de douceur, moi qui ne lui ai jamais fait remarquer que parfois, elle parlait de moi au masculin, ma mère m'a offert un jour le plus joli des cadeaux, auquel je ne m'attendais pas.

Ce jour-là, nous nous rendons, Colette, ma mère et moi, dans un salon dédié au miel. Là se retrouvent des apiculteurs, des producteurs de bougies et de produits en tout genre dédiés au miel. La halle est pleine de familles qui déambulent, à la recherche d'un miel particulier, d'un soin, d'une dégustation, et toutes les trois, nous n'échappons pas à la règle.

Nous voilà donc devant la table où ce Réunionnais plutôt chic présente des soins pour les pieds, un produit miracle qui nourrit la peau, empêche les callosités de se reformer et assure douceur et confort du bout des ongles à la pointe du talon. Une noisette de la crème aux reflets ambrés sur le dos de la main permet à ma mère d'apprécier la texture et le parfum. Et ce cher monsieur ne tarit pas d'éloges, tenant la main de ma mère entre ses doigts. Ma sœur et moi rions en douce, comme deux gentilles commères qui regardent leur maman se faire draguer. C'est drôle et savoureux. L'embarras de notre mère est évidemment extrêmement palpable. Elle qui chante à l'église chaque dimanche ne peut pas, comme ça, se laisser séduire par un inconnu, sur un marché, en présence de ses enfants qui plus est. Mais ce monsieur n'entend pas renoncer aussi facilement, alors il propose à notre mère de prendre le temps, de s'asseoir quelques instants, afin qu'il applique la crème sur ses pieds, ainsi, elle sera convaincue de l'efficacité de ce produit. Ni une ni deux, ma mère refuse, arguant du fait qu'elle n'en a pas le temps et qu'en plus, elle est accompagnée de « ses deux filles ».

Ses deux filles.

L'expression sonne à mes oreilles comme le plus doux de tous les mots entendus depuis longtemps.

Ses deux filles.

Voilà, ça y est, elle a intégré le fait que je suis l'une de ses filles.

Ses deux filles.

Pour sortir cette phrase de cette manière, elle n'y a pas réfléchi, c'est évident. C'est devenu instinctif.

Me voilà gonflée à bloc, enfin à ma juste place, jusque dans le cœur de ma mère, celle qui m'a aimée avant même mon premier cri, celle qui m'a portée avec tellement de patience et d'amour, celle qui m'a élevée et regardée grandir, celle a qui compris quels tourments pouvaient agiter mes pensées depuis tant d'années. Je suis désormais reconnue en tant que femme par ma propre mère et ça n'a pas de prix.

Ce jour-là, alors que je suis cette jeune femme qui a entamé sa transition, j'ai une tendresse particulière pour l'enfant que j'étais. Cette enfant qui, il y a vingt-cinq ans, adulant *Ranma 1/2*[1], n'imaginait pas que changer de genre était réellement possible, et encore moins que cette transition était loin d'être aussi facile que celle que vivait le héros de mon dessin animé préféré, qui vivait des aventures incroyables, changeant de sexe au contact de l'eau froide, ce qui évidemment engendrait de nombreux quiproquos, tous plus drôles et farfelus les uns que les autres. Si les personnages de ce manga vivaient des métamorphoses à longueur d'épisodes, moi, je commençais une transition définitive, qui m'ouvrait

1. *Ranma ½* : manga de Rumiko Takahashi publié dès 1987, diffusé en France entre 1989 et 1992

la porte du reste de ma vie. Et, même si je n'attendais aucune autorisation, aucun sésame, le fait que ma mère ait accepté ce choix, qu'elle ne soit pas mal à l'aise avec ce changement radical, qu'elle comprenne qui je suis vraiment, m'a donné, sans qu'elle le sache, une assurance et une force pour aborder la suite, qui n'allait pas être un long fleuve tranquille !

6

Shun

Alors que je m'engage donc sur le long chemin de la transition, je me prépare psychologiquement au premier rendez-vous avec le psychiatre, passage nécessaire pour me lancer dans ce processus. Alors que l'Organisation mondiale de la Santé a supprimé la transidentité de la liste des maladies mentales depuis 2018, actant la dépsychiatrisation de ce parcours, il n'en demeure pas moins que le diagnostic de dysphorie de genre doit être posé et que cette attestation me soit remise afin que je consulte un endocrinologue.

J'ai pris rendez-vous avec ce praticien sur les conseils du délégué de la fondation Le Refuge[1]. Peu avant la sortie de mon premier single *Y croire*,

1. Le Refuge : depuis 2022, la fondation Le Refuge s'est rapprochée à La Réunion de l'association OriZon, qui accueille désormais les jeunes LGBT+ de 18 à 25 ans. Plus d'informations sur www.orizonlgbt.re. Fondation Le Refuge : www.le-refuge.org. Ligne jeunes LGBT+ : 06 31 59 69 50.

j'avais été contactée par cette fondation qui offre aux jeunes âgés de 14 à 25 ans, homosexuels, bisexuels et transgenres, un accompagnement. Accueillant les jeunes en rupture sociale et familiale, la fondation leur offre un peu de répit, le temps de se reconstruire. J'avais été emballée à l'idée de mettre mon expérience et ma petite notoriété au service de ces jeunes qui n'avaient pas la chance que j'avais et dont j'étais parfaitement consciente. Autant j'étais respectée et écoutée dans mes choix par mes proches, autant les jeunes qui rejoignent le refuge sont en général victimes d'homophobie au sein de leur propre famille, sont rejetés et exclus. Grâce à l'accompagnement social et psychologique, aux médiations familiales, Le Refuge permet parfois de rétablir le lien au sein des familles, ou d'aider le jeune en exclusion à trouver une voie.

Je trouvais en tout cas que mon histoire et mon parcours, bien que je ne sois qu'en tout début de transition, pouvaient apporter un peu de soutien à ces jeunes et je participais donc aux ateliers de féminisation. C'est en discutant avec le délégué de la fondation que le contact de ce psychiatre très sensible à la transidentité m'avait été transmis et j'avais aussitôt pris rendez-vous.

On a beau attendre le moment, tout faire pour que pour le rendez-vous soit pris le plus tôt possible, compter les jours, il n'en demeure pas moins que de nombreuses questions se posent. Je me suis souvent demandé ce que j'allais bien pouvoir lui raconter pour qu'il comprenne que ma dysphorie de genre n'était pas une vue de mon esprit, mais bien une réalité. J'ai pensé à des tas d'anecdotes, j'ai rassemblé mes souvenirs et suis même allée plonger au plus loin de mon enfance pour démontrer que j'étais née petite fille dans un corps masculin.

C'est ainsi que je me suis souvenue de ces dessins animés dont je ne me lassais pas le soir en rentrant de l'école. À l'heure du goûter, je m'installais devant la télévision et regardais à la suite tous les mangas qui défilaient entre deux pages de publicité. Je pense que les mangas ont toujours eu mes faveurs précisément parce que les scenarii montraient tout ce que je ne voyais jamais dans la vraie vie. Je n'étais pas particulièrement intéressée par les histoires de princesses malheureuses qu'un merveilleux prince charmant viendrait un jour sauver des griffes d'une odieuse belle-mère. En revanche, ces histoires de transformation, de modification de l'état, de super-pouvoirs qui ouvraient la porte d'aventures incroyables m'hypnotisaient.

Quand je ne regardais pas *Ranma ½*, ce sont *Les Chevaliers du Zodiaque*[1] qui avaient toutes

1. *Les Chevaliers du Zodiaque* est un dessin animé tiré du manga de Masami Kurumada, publié entre 1986 et 1990, diffusé en France à partir d'octobre 1986.

mes faveurs. Là encore, il est question de chevaliers, portant le nom d'une constellation, chargés de défendre la Terre contre les forces du mal. Évidemment, tous ces chevaliers sont jeunes, beaux, extrêmement courageux. À cet âge-là, quand je ne m'identifie pas à Ranma ½ qui a quand même ce fabuleux pouvoir de se transformer en fille au simple contact de l'eau, je suis Shun d'Andromède. Ce chevalier a ceci de spécial qu'il est androgyne. Il est mon préféré justement parce qu'il n'a aucun des attributs masculins que l'on montre habituellement. Il n'a pas le corps musclé et ciselé des autres, il ne porte pas de barbe, il n'est pas tout en force. Au contraire, Shun d'Andromède est menu, il a les pommettes saillantes, les traits fins, les cheveux longs. Il porte un costume rose et turquoise. On ne sait pas bien finalement s'il est garçon ou fille et ça me plaît beaucoup.

Parce que je lui ressemble.

Cette représentation me démontre que la féminité ou la masculinité ne font pas la personnalité. Alors que je suis âgée de 6 ou 8 ans à l'époque, Ranma ½ me montre une image de la féminité qui me plaît beaucoup et Shun d'Andromède me rassure quant au fait que l'on peut être un garçon et ne pas en avoir les traits, ou une fille et ne pas en avoir les traits non plus.

C'est en tout cas déterminé et parfaitement en paix avec mon choix que je suis donc parti ce matin-là à la rencontre de ce psychiatre. J'avoue pourtant que je n'étais pas rassurée, simplement parce que le rendez-vous étant programmé tôt un matin, je m'y suis rendue dans une identité de genre masculine. En effet, j'allais enchaîner avec ma journée de travail, il semblait assez incongru que je débarque habillée en femme pour m'assurer de convaincre le praticien, alors que je me rendais au bureau ensuite et que personne encore n'y était informé de ma transition à venir.

Cependant, mon histoire est claire, je n'ai pas l'ombre d'un doute. Je m'attends également à devoir enchaîner plusieurs rendez-vous avec ce praticien. C'est en effet habituellement la norme.

Les expériences qui m'ont été relatées font état de plusieurs entrevues, parfois à des semaines, voire des mois d'intervalle. Il faut en effet du temps au praticien pour évaluer la santé psychique du patient, identifier d'éventuelles comorbidités psychiatriques, comme la dépression ou l'anxiété, qui nécessiteraient que le processus soit accompagné d'un traitement approprié. Il faut dire que la transition est un acte irrémédiable. Cela justifie pleinement que les psychiatres confirment par leurs entretiens et éventuels examens que tous les aspects de la transition ont été mesurés par la personne en ayant fait la demande. Le psychiatre a donc aussi pour mission d'aborder avec le patient les répercussions de la transition de genre sur la vie quotidienne de la personne transgenre, sur sa vie professionnelle, son environnement social, de sorte à identifier les éventuels risques sociaux et professionnels.

Ces aspects déblayés, posés, réfléchis et admis par la personne transgenre, un second rendez-vous peut être prescrit afin, cette fois, d'aborder les options des traitements médicaux qui s'offrent au patient, qu'il s'agisse de traitements médicamenteux ou chirurgicaux. L'objectif est cette fois de présenter le rapport bénéfices-risques de chaque option, et d'aider le patient à choisir le bon moment dans sa vie pour se lancer. Et puis, quand cela se justifie, le psychiatre peut également aborder les questions juridiques, le changement d'état civil, les procédures administratives.

In fine, quel que soit le nombre de rendez-vous, le sésame pour toute personne transgenre qui se lance dans la transition de genre, c'est de repartir avec l'attestation de dysphorie de genre.

Aujourd'hui, trouver une définition de la dysphorie de genre, dite aussi « incongruité de genre », n'est pas très compliqué. George R. Brown, médecin psychiatre, professeur de psychiatrie à l'East Tennessee State University, définit très précisément dans le manuel *MSD*[1] que le sexe correspond à l'état biologique d'une personne (homme, femme ou intersexué), l'identité sexuelle, au sexe par lequel une personne est attirée, et que le genre fait référence au rôle public d'une personne (fille ou garçon, homme ou femmes). Dans ce cadre, l'identité de genre est le sentiment subjectif d'appartenir à un sexe, c'est-à-dire le fait de se considérer comme un homme, une femme, un(e) transgenre, une personne non binaire. Le rôle du genre est d'exprimer objectivement et publiquement l'identité de genre et comprend tout ce que les sujets disent et font pour indiquer à eux-mêmes et aux autres le sexe dans lequel ils s'identifient. Si, pour la plupart des gens, le sexe biologique, l'identité de genre et le rôle de genre concordent (la personne de sexe féminin qui nous parle s'identifie en effet à une femme et parle d'elle au féminin), les personnes présentant une dysphorie de genre ressentent au contraire une certaine incongruité entre le sexe anatomique avec lequel elles sont nées et leur identité de genre.

Il est question de dysphorie de genre lorsque le déséquilibre perçu entre le sexe de naissance et l'identité de genre provoque une détresse, une

1. www.msdmanuals.com.

invalidité importante. Surtout, il est désormais prouvé que la dysphorie de genre est rarement associée à une ambiguïté génitale, comme l'intersexualité ou l'hermaphrodisme.

Il appartient alors au psychiatre de déceler si, chez la personne qui se présente à lui, l'incongruité entre le sexe physique et l'identité de genre est avérée, et quelles en sont les manifestations. En effet, certaines personnes atteintes de dysphorie de genre peuvent éprouver des symptômes graves de dépression, d'irritabilité, d'anxiété, mais aussi un désir très fort de vouloir changer leur corps médicalement et/ou chirurgicalement, de sorte qu'il corresponde enfin à leur identité de genre. Les recherches ont permis de démontrer que bien que beaucoup de personnes se définissent comme transgenres, peu d'entre elles répondent aux critères de la dysphorie de genre. En effet, on estime qu'entre 0,005[1] et 0,014 % des hommes selon leur sexe de naissance, et 0,002 et 0,003 % des femmes selon leur sexe de naissance, correspondent aux critères diagnostiques de la dysphorie de genre.

Voilà donc à quoi le psychiatre qui s'apprête à me recevoir va s'atteler : vérifier que les « symptômes » que je présente répondent aux critères

1. Ces données sont délivrées par le *Diagnostic & Statistical Manual of Mental Disorders*, 5e édition (DSM-5).

établis. Le fait est que la plupart du temps, la dysphorie de genre se manifeste dès la petite enfance, par le fait de se travestir, de parler de soi au féminin ou au masculin sans tenir compte de son sexe physique, d'avoir des sentiments négatifs envers son sexe, de se sentir appartenant à l'autre sexe et de ne trouver sa place que parmi les enfants de l'autre sexe. Et je me revois, juché sur les talons de ma mère, essayant de nouer maladroitement un foulard autour de ma taille pour m'en faire une jupe, partager uniquement les jeux des filles et être accepté comme l'une d'entre elles.

D'ailleurs, le diagnostic chez l'enfant est aussi établi à partir d'observations durant plusieurs années de sa forte attirance pour les jeux et jouets de l'autre sexe et une profonde aversion pour les jeux et activités typiques de son sexe de naissance, une forte préférence aussi pour les rôles transgenres dans les jeux et une forte préférence pour les enfants de l'autre sexe. Me voilà plongée dans mes souvenirs, avec ma bande de copines, quand je me prenais pour une héroïne de nos feuilletons préférés.

Évidemment, ce n'est pas ce que le psychiatre observera chez moi, qui suis désormais adulte. Cependant, j'en ai le souvenir extrêmement précis. À cela, j'ajoute m'être simplement sentie moi-même habillée en femme, portant des talons, notamment dans le secret de mon appartement quand je peux laisser libre cours à qui je suis, et, dès lors que j'ai eu conscience du fait que j'étais née de sexe masculin, avoir toujours su que cette enveloppe ne me correspondait pas. Alors bien sûr, je m'accepte depuis bien des années, j'ai compris ce qui me rendait si singulière et cela n'a jamais eu aucun impact sur ma vie sociale ou professionnelle. Pour autant, j'ai dû cohabiter durant des années avec le mauvais corps, et je n'en peux plus.

Voilà ce que je compte lui dire.

Le psychiatre est accueillant. À l'écoute. Finalement, la tenue dans laquelle je me présente n'a aucun impact. Il remarque tout de suite la faible pilosité de mon visage, ma silhouette androgyne, ma voix peu marquée par les hormones. Et surtout, il écoute mon discours assuré, mes arguments longuement réfléchis et pesés.

15 minutes.

Il n'en faudra pas une de plus pour qu'il signe l'attestation de dysphorie de genre. Il me propose un suivi psychologique si j'en éprouve le besoin, mais lui en voit à peine l'utilité. D'ailleurs, la psychothérapie n'est même plus obligatoire en pareille circonstance, précisément parce que le corps scientifique a bien établi que la dysphorie de genre n'est pas un trouble mental et qu'il n'y a rien à chercher à expertiser dans ce que les personnes racontent. Il n'est pas nécessaire de les aider à prendre conscience de quoi que ce soit : si elles en sont là, c'est que le chemin de l'acceptation de soi est déjà parcouru. La dysphorie de genre n'est ni une déviance, ni une maladie, ni un syndrome bizarre. Elle résulte d'un ensemble complexe de facteurs qui restent assez flous. Certains scientifiques évoquent des facteurs biologiques, psychologiques, génétiques, tant et si bien qu'il est difficile d'associer la dysphorie de genre à une cause spécifique.

Me concernant, j'avoue que la cause m'importe peu, seul le rétablissement de l'équilibre compte, à savoir rendre à mon corps la concordance avec le genre que je me suis toujours attribué, dans lequel je suis née.

J'accueille la proposition du médecin de m'engager dans une psychothérapie avec bienveillance, tout en sachant que je ne m'inscrirai pas dans cette voie. Je n'ai pas besoin d'aller explorer plus avant ce que je sais déjà. J'ai déjà largement dépassé ce cap.

Trois mois.

J'ai désormais trois mois devant moi avant le rendez-vous chez une endocrinologue de

Saint-Denis. J'ai trois mois pour réaliser les analyses de sang. Un bilan hormonal s'impose, histoire que le médecin sache précisément d'où l'on part pour adopter le meilleur traitement.

Comme pour chaque homme, mon corps a produit depuis l'adolescence des hormones masculines, notamment de la testostérone, responsable d'abord de la croissance des organes génitaux masculins et de la production de spermatozoïdes. À la puberté, c'est donc la production de testostérone qui provoque le développement de la musculature et de la force physique. À en croire mon physique plutôt longiligne, je suppose que même mes glandes surrénales, chargées de la production de cette hormone avec les testicules, ne se sont pas senties particulièrement concernées par la nécessité absolue de me conférer un physique très masculin. J'ai pourtant bien essayé, des années durant, de développer cette musculature, ce qui m'aurait été très bénéfique dans la pratique de la danse. Mais les séances de sport, les heures à pousser ou soulever des poids n'y ont rien fait : mes muscles et ma carrure ne se sont pas développés pour autant.

Quant à la dihydrotestostérone et l'hormone lutéinisante, toutes deux responsables du développement de la pilosité sur le visage et le corps, et de la calvitie masculine, je pense qu'elles n'ont été d'aucun soutien à la testostérone étant donné que mon corps masculin est quasi imberbe.

En plus de jouer un rôle important sur le physique, ces hormones régulent le métabolisme, les émotions et le comportement. Un taux de testostérone très élevé peut engendrer une certaine agressivité, mais rend aussi les hommes plus compétitifs. À l'inverse, un taux de testostérone trop bas engendre une certaine démotivation, voire des syndromes dépressifs.

Chez les femmes, ce sont les ovaires et les glandes surrénales qui sont chargés de la production des œstrogènes et de la progestérone, lesquelles régulent les cycles menstruels, mais pas uniquement. En effet, à l'adolescence, les œstrogènes sont aussi responsables du développement des caractéristiques sexuelles secondaires, comme la poitrine et la pilosité. Là encore, une production excessive ou insuffisante de ces hormones peut avoir des conséquences sur l'humeur, le comportement, la libido.

Dans mon cas, l'exercice va donc consister à contrôler le niveau de testostérone de départ, l'amener à diminuer, de sorte à favoriser la production des œstrogènes par adjonction médicamenteuse.

Je connais tout ça par cœur, j'ai potassé mon sujet, je sais les changements qui s'opéreront physiquement sur mon corps, et également les conséquences que ce traitement pourrait avoir sur mon humeur et mon moral. Mais je suis prête. Je suis tellement prête qu'en attendant ces trois mois, je commence ma transition physique en faisant poser sur mes cheveux très courts des extensions au fil. Ces toutes petites mèches ainsi fixées à mes cheveux opèrent une traction sur mon cuir chevelu de sorte à accélérer la pousse des cheveux.

Et puis, je me lance aussi dans un autre chantier de taille : l'épilation définitive. Enfin, quand je dis « de taille », ce n'est pas tant à la masse de poils à éradiquer définitivement de mon visage, de mon torse et de mes jambes que je fais référence qu'au budget que cela nécessite ! À La Réunion, à cette époque, aucun dermatologue ne propose une épilation définitive prise en charge en partie par la Sécurité sociale. Par ailleurs, les peaux métisses nécessitent de recourir à un type de laser très particulier. En effet, les lasers classiqucs font encourir un fort risque de brûlure aux peaux métisses et noires, parce que le rayon ne distingue pas la mélanine du poil de celle de la peau. Or, le seul médecin disposant de ce matériel sur mon île est installé dans une clinique esthétique privée, sans prise en charge par la Sécurité sociale. Il ne me propose donc pas de feuille de soins, si bien que je suis contrainte de payer chaque séance intégralement, ce qui représente un sacré budget. Heureusement, au fur et à mesure des séances, les zones à traiter sont moins importantes, si bien qu'avec le temps, ce médecin facture les séances moins cher. Néanmoins, à La Réunion, cette opération indispensable dans le processus de féminisation et de transition prend du temps et coûte une fortune. Ça n'est pas le cas en métropole, où beaucoup de dermatologues sont équipés et proposent une prise en charge.

La difficulté pour une personne transgenre est de trouver un endocrinologue à l'écoute, bienveillant et qui ne juge pas. Alors bien sûr, ils sont médecins et sont dès lors censés apporter à leurs patients, quels qu'ils soient, la solution et le traitement qui leur conviennent. Mais voilà, on parle ici de transidentité, une situation encore loin d'être banalisée et entrée dans les mœurs. Je ne consulte pas un endocrinologue pour un simple dérèglement hormonal, je le consulte pour qu'il prescrive un traitement stoppant la production de l'hormone masculine au profit de l'hormone féminine pour faire en sorte qu'enfin, mon sexe physique concorde avec mon genre. Si les médecins savent techniquement faire ce genre de chose, c'est humainement parfois compliqué. Simplement parce que, comme chacun, ils ont leur avis sur la question. Cela vient heurter leur sensibilité, leurs valeurs ou que sais-je encore.

Ça ne devrait pas.
Mais c'est le cas.

Le premier rendez-vous avec l'endocrinologue me fait l'effet d'une douche froide. Cette femme distante et sèche me reçoit comme un chien dans un jeu de quilles. Elle se fout complètement que je sois déjà passée par la case « psychiatre » et commence par m'envoyer faire une psychanalyse. J'avoue que je suis décontenancée, mais j'accepte de jouer le jeu parce que je sens bien que je n'ai pas le choix. Sa façon à elle de gérer le sujet qui se présente et qui doit certainement la questionner est d'appliquer le protocole de A à Z, sans se poser de question, avec une certaine autorité d'ailleurs, en m'associant davantage à un numéro de dossier qu'à un être humain. Elle me tend une ordonnance pour une prise de sang et je reviendrai donc dans deux mois pour une analyse des résultats de cet examen.

Le second rendez-vous qui est censé être relativement court se tiendra justement entre deux rendez-vous, car l'agenda du docteur déborde. Qu'à cela ne tienne, je l'accepte. Pourtant, lorsque je me présente à ce second rendez-vous qui ne figure donc pas officiellement au planning, l'endocrinologue refuse de me recevoir, et en profite pour passer un savon bien musclé à son assistante complètement dépitée. J'avoue que je suis moi aussi refroidie. Un autre rendez-vous m'est proposé, mais au moment de quitter le cabinet, j'avoue que je ne suis pas certaine de revenir. Après tout, j'ai fait cette analyse de sang, libre à moi de trouver un autre médecin capable d'interpréter les résultats et de me délivrer le meilleur traitement.

À force d'échanges avec d'autres personnes dans ma situation, les coordonnées d'un nouvel endocrinologue me sont transmises. Ce docteur semble rompu à cet exercice, pour avoir suivi et accompagné d'autres personnes transgenres dans leur transition. Je dois reconnaître qu'il est à l'écoute, bienveillant et absolument pas dans le jugement du processus. Il a en revanche une idée très arrêtée du traitement qui convient. Et celui-ci ne convient pas plus ou pas moins à ma situation qu'à celles des autres. Selon lui, la meilleure solution est de recourir à une adjonction d'œstrogènes en gel pour favoriser le développement de la poitrine et de l'associer à un bloqueur de testostérone.

Le traitement qu'il me propose pour contrer la production de testostérone est d'abord indiqué pour la pilosité excessive ou l'acné chez les femmes non ménopausées, ou pour l'endométriose. Mais il est aussi indiqué pour certains cancers de la prostate.

Cependant, les recherches que je mène sur cette molécule dérivée de la progestérone m'apprennent que ce traitement est aussi utilisé pour mettre en place une castration chimique, il a donc des effets évidents sur la libido. D'ailleurs, la Haute Autorité de santé l'écrit dans un avis de la Commission de transparence du 19 juillet 2006 : en plus d'être un traitement palliatif du cancer de la prostate, il est indiqué pour réduire les pulsions sexuelles dans les paraphilies[1], et je ne suis pas tranquille avec ça, même si je comprends parfaitement la nécessité dans mon cas d'associer la prise d'œstrogènes à un traitement hormonal « féminisant », et qu'il n'y a donc pas mille solutions, sinon celle de stopper la production d'hormones masculines.

Six mois.

C'est le temps de prise de ce traitement que je me fixe. Je comprends bien la nécessité de bloquer cette production de testostérone, même si elle n'est pas importante chez moi. D'ailleurs, l'endocrinologue n'est pas certain que ce traitement suffise à développer ma poitrine. Bon, autant le dire, je ne m'attends pas, vu ma corpulence, à développer une poitrine généreuse, cependant c'est un attribut féminin qui me paraît indispensable. Et ma corpulence fluette laisse à penser que de la même manière que lorsqu'il produit de la testostérone, mon corps ne développe pas de masse musculaire,

1. Paraphilie : fantasmes ou comportement sexuels fréquents et intenses portant sur des objets inanimés, des adultes ou des enfants non consentants, ou bien impliquant la souffrance. Définition du manuel MSD, wwwmanuals.com.

il y a peu de chances qu'en lui administrant des œstrogènes et de la progestérone, il se mette à développer des attributs féminins de façon inconsidérée. Mon corps est d'abord androgyne, pas tout à fait masculin, et pas vraiment féminin non plus. Il va donc de toute façon falloir l'aider. J'accepte donc le traitement, pour six mois, tout en poursuivant mes recherches, à la fois sur les traitements et sur les endocrinologues. À ce stade, je suis même prête à me rendre en métropole s'il le faut, il est hors de question que je renonce. Mais je sais aussi que la transition se mesure en mois, et que je n'en suis qu'aux premiers jours.

7

Wula

2016. Parfaitement épanouie dans mon métier de chorégraphe, je monte *La Genèse de Dracula* avec ma troupe, Syn'Rj. Cette comédie musicale est le fruit de très nombreux mois de travail, d'écriture, de création de chorégraphies, de création de costumes, de répétitions. Dans ce spectacle, je campe le rôle de Wula, un homme androgyne qui assume et cultive sa féminité, et qui séduit Vlad, le futur héritier d'une puissante famille. Évidemment, leur amour ne peut être vécu au grand jour, si bien que Wula quitte l'île et se met en quête d'un oracle censé détenir les clés de son avenir.

Ce spectacle, j'y ai mis tout ce que je suis.

Ma détermination.

Ma voix.

Mon imagination.
Mon talent artistique.
Ma force de travail.
Moi.

Les représentations qui ont lieu en mai 2016 à la Cité des arts, centre culturel et artistique à Saint-Denis, se jouent à guichets fermés. Nous sommes portés par les professionnels de la Cité des arts et du monde du spectacle de La Réunion qui ont assisté à des répétitions quelques mois auparavant et ont été bluffés par la qualité du spectacle. Tant la scénographie que la mise en scène ont été saluées. Alors, parés de nos costumes, mis en beauté par une mise en scène soignée et des lumières incroyables, nous sommes tous portés et conquérons, en deux soirs, notre public.

Ce spectacle, en plus de me valoir une certaine reconnaissance du milieu, puisqu'il est alors nommé meilleur spectacle musical lors de la cérémonie Les Voix de l'océan Indien, m'ouvre aussi les portes de la Cité des arts, où un poste m'est proposé peu après. Depuis un an, je me suis fait une place au sein d'une équipe chaleureuse et professionnelle. Je travaille avec sept groupes d'enfants sur le programme de création d'un orchestre classique de 105 enfants n'ayant jamais joué d'aucun instrument. Ce projet développé en partenariat avec la Philharmonie de Paris est passionnant, enrichissant.

Alors que je suis parfaitement intégrée au sein de la Cité des arts, que mon contrat est commué en CDI, je commence le traitement hormonal en vue de ma transition. Pour moi, il est inconcevable de dissocier les différents éléments de ma vie. Il est hors de question que j'entame cette transition sans marquer le changement. Je sais que cette femme ne peut s'épanouir que si elle est connue et reconnue.

Elle ne peut pas grandir cachée.

Ça, elle l'a trop été.

Ça, c'est terminé.

Je ne vais donc pas faire les choses en cachette. J'ai passé l'âge et me cacher, je l'ai suffisamment fait. Surtout, je sais que le traitement aura des effets visibles en quelques mois, même si pour l'instant, personne n'a constaté que le peu de barbe que j'affichais a définitivement disparu de mon visage. Il n'y a donc pas de temps à perdre pour me révéler à mon directeur, mes collègues, les enfants avec lesquels je suis en contact au quotidien.

Mon directeur est agréable, bienveillant, presque touchant dans sa réaction. Au-delà du fait que ce que je lui annonce ne le surprend pas, il m'assure que les propos racistes, homophobes, transphobes n'ont pas leur place à la Cité des arts, un lieu de culture qui prône justement la diversité. D'ailleurs, il me rassure en m'assurant que si quiconque me manque de respect, il se chargera personnellement de recadrer, voire sanctionner. Il accepte d'en parler au président de la Cité des arts, peut-être moins ouvert sur ce sujet.

J'adresse un e-mail à l'équipe avec laquelle je travaille afin d'expliquer ma démarche, le parcours dans lequel je me lance. Je sais au moment de cliquer sur « Envoyer » que dans les minutes et heures qui vont suivre, tous les enseignants, référents sociaux, administrateurs de la Cité des arts seront au courant. Un frisson me parcourt, mais ça n'est sûrement pas le moment de faiblir. Finalement, au-delà d'expliquer ce que je m'apprête à traverser, je les informe indirectement des bouleversements qui vont s'opérer, physiquement au moins, d'état civil ensuite. Mais surtout, je leur assure que bien que tout change, rien ne change. Cette transition n'est finalement que physique.

Moi, je suis la même.

C'est comme si j'avais besoin de les en assurer. Implicitement, je leur promets que cela ne va rien changer à nos relations, que cela n'aura aucune conséquence sur mon travail, bien entendu. Je ne leur demande surtout pas d'accepter mon choix. Je n'attends plus aucune caution de qui que ce soit. En revanche, j'ai besoin que ma démarche soit comprise et respectée, pour être expliquée aux enfants. Et là, je le sais, je vais avoir besoin de chacun. Surtout, je conclus en assurant que je suis à leur disposition, qu'il n'y a aucun tabou autour de ma transition et que je suis disposée à répondre à toutes les questions qui se posent.

Et là encore, comme avec mes amis proches quelques semaines plus tôt, ce que je pensais être un coup de pied dans la fourmilière est en fait une non-annonce.

Chacun s'en doutait.

Il y a ceux qui louent mon courage.

Ceux qui m'assurent avec bienveillance de leur soutien.

Ceux qui affirment que c'est juste une évidence, un pas de plus.

Ceux qui confirment que cette décision s'imposait à moi depuis bien longtemps.

Personne n'est surpris.

Et puis, vient le moment d'expliquer à mes artistes en herbe que désormais, Jovani s'appelle Louïz et qu'en effet, changer de genre, c'est possible. Je profite de deux ateliers pour parler aux enfants de cette étape importante de ma vie. À aucun moment je ne prêche une quelconque parole. Je raconte juste qui je suis, comment je me sens et les raisons qui me poussent à franchir ce cap. Les enfants ont ceci de merveilleux que rien ne les étonne. Leurs questions sont à la fois gentilles, étonnantes et tellement légitimes !

Certains se demandent comment m'appeler.

D'autres me demandent si j'ai déjà des habits de dame.

Quelques-uns s'inquiètent de savoir si lorsque je me rends aux toilettes, je vais chez les femmes ou chez les hommes.

Les plus observateurs avaient remarqué que je laisse pousser mes cheveux.

Leurs questions concernent plus l'aspect physique que ces histoires de sexe et de genre. Pour eux, l'important est aussi que rien ne change et dans leur tête, ça ne fait pas l'ombre d'un doute. Que je m'appelle Jovani ou Louïz, finalement, je reste la même personne. Mon côté jusqu'ici efféminé joue aussi pour moi. Les enfants sont prêts à m'appeler par le prénom qu'ils découvrent et à accueillir le changement physique au rythme où il s'opérera. Leur innocence n'en est pas bafouée, et leur humanité sortira grandie d'avoir un jour connu quelqu'un qui, pour être pleinement qui il était, a décidé de changer de genre. Les enfants n'ont aucune inquiétude. Ils savent que j'attendrai d'eux la même chose, et qu'ils pourront compter sur moi exactement de la même manière.

Je prends le temps nécessaire pour expliquer à chaque groupe mon parcours. Alors forcément, étant donné que les sept groupes ne viennent pas tous toutes les semaines à la Cité des arts, cela demande un peu de temps. Et c'est ainsi qu'il y a ce jour magique de rassemblement des sept groupes, un seul d'entre eux n'étant pas encore informé. Depuis, mes cheveux ont un peu poussé, mais je viens toujours en jean, tee-shirt et baskets, parce qu'il n'est pas question que je me présente devant les enfants dans une identité de genre féminin tant que tous ne sont pas au courant de mon parcours. Alors que nous cheminons vers la salle de répétition, un intervenant m'apostrophe en m'appelant Jovani. Je n'ai pas le temps de répondre qu'une petite fille s'en charge pour moi, lui assénant un sévère : « T'as rien compris ou quoi ? On t'a dit que maintenant, on l'appelle Louïz ! » J'éclate de rire en accueillant les excuses de cet intervenant pour lequel il y a peut-être encore une part de chemin à faire. Mais je dois bien l'avouer, je n'ai pas résisté à cette petite voix si assurée, à cette petite fille pour laquelle respecter ce qui a été expliqué est essentiel, à cet enfant qui a si bien intégré l'information précisément parce que pour elle, rien ne change vraiment : je suis toujours là, représentant ce qu'elle a toujours connu, je suis toujours moi, et nous réalisons ensemble ce formidable projet. Entendre une enfant reprendre un adulte m'a procuré une vague d'émotion et de confiance extrêmement intense.

Dans les jours qui suivent, je me rends à une réunion à l'école de musique La Rivière des pluies, dont les petits élèves participent au projet en cours avec la Philharmonie de Paris. Nous devons rencontrer les parents pour évoquer le voyage qui se prépare, un long voyage jusqu'en métropole. Certains des élèves n'ont encore jamais quitté le nid. Il est temps de présenter l'organisation de ce déplacement aux parents. Alors qu'elle évoque l'ordre du jour de la réunion, l'organisatrice énumère les sujets qui seront abordés et conclut en annonçant que moi, Louïz, je vais leur parler de ma transition.

Je suis stupéfaite.

Qu'elle m'ait appelée Louïz devant des familles qui me connaissent sous le nom de Jovani et qui n'ont peut-être aucune idée de ce que je traverse.

Qu'elle balance le sujet en pâture sans que nous en ayons parlé, donc sans savoir si je suis prête.

Je sais qu'il n'y a aucune malice dans cette manière de faire, elle a si bien intégré ma transition qu'elle a elle-même déjà abordé le sujet. Elle me propose cette prise de parole simplement pour que je me sente à l'aise et surtout libre d'évoquer ce parcours personnel. Il n'empêche que je ne suis pas prête. Je n'ai rien préparé. Je n'ai pas envisagé une seconde aborder ce sujet ce soir. Et alors qu'elle commence son ordre du jour, je regarde la salle et me rends compte que je suis assise face à un papa tout en masculinité. Il est baraqué comme je ne le serai jamais, tatoué, et on sent que chez lui, la testostérone a les effets qu'elle n'a pas chez moi. Je sens à la manière dont il est assis, le dos bien appuyé au dossier de sa chaise, les pieds bien ancrés dans le sol, les genoux écartés, ses bras musclés et tatoués croisés sur son torse robuste, que je ne vais pas vivre une partie de plaisir. Durant toute la présentation, il me fait face. Je ne saurais dire s'il me dévisage, mais je sens parfois son regard se poser sur moi. Et j'imagine très bien ce qu'il doit se dire. En même temps, je ne peux pas reculer. L'organisatrice a raison, autant battre le fer tant qu'il est chaud et puisque de toute façon les questions se poseront un jour, autant en finir le plus tôt possible. Et puis, je ne peux pas laisser aux enfants la responsabilité de parler de ce sujet avec leurs familles. J'imagine qu'ils l'ont fait, mais il me semble important que si des questions se posent, ils n'en soient pas les messagers. Ça n'est pas leur rôle.

Et il y a ce papa.

Ses tatouages.

Ses muscles saillants.

Son mutisme depuis le début de la réunion.

Et tout ce que j'imagine qu'il pense et qui me stresse.

Pourtant vient le moment pour moi de prendre la parole. Alors, le plus simplement du monde, je regarde le rang situé juste derrière ce papa, et j'explique. En quelques mots, je rassure les familles sur le fait qu'il n'est aucunement question de faire l'apologie de quoi que ce soit ni d'expliquer la théorie du genre aux enfants. Le sujet en lui-même est très intime. Seulement il entraîne un changement physique, et uniquement physique d'ailleurs. J'explique le plus simplement du monde que j'ai passé trente-quatre ans dans un corps qui n'est pas le mien et qu'il est grandement temps que je m'autorise l'harmonie, la concordance entre ce corps et qui je suis. Surtout, j'affirme que je n'attends aucune autorisation de qui que ce soit.

J'entame une transition de genre.

C'est comme ça.

Ça ne se discute pas.

Et ça ne change rien ni à la personne que je suis, ni au travail que j'accomplis. Comme pour les enfants, j'accepte bien volontiers de répondre aux questions.

Et aucune ne se pose.

Les gens comprennent.

Les gens apprécient ma sincérité.

Les gens ne font aucun cas de ce que je vis.

Et puis, ce papa du premier rang lève la main.

Voilà qu'il prend la parole.

Je m'attends à tout, surtout au pire d'ailleurs. J'imagine que les insultes vont fuser, qu'il va annoncer que son enfant ne participe plus au projet, qu'il va expliquer que dans sa culture, ça n'est pas possible… j'imagine n'importe quoi, et suis convaincue par défaut qu'en aucun cas, un monsieur comme lui ne peut être bienveillant face à une décision comme la mienne.

Pourtant, naturellement et avec ses mots à lui, il explique que lorsqu'il m'a vue la première fois sur scène, lors d'un spectacle que j'avais proposé pour l'élection de Miss Sainte-Marie, il m'a découverte travestie en femme. Plus tard, lorsque le projet avec la philharmonie a commencé, il m'a vue en homme et n'a pas compris que je ne sois pas habillée en femme, alors que ça m'allait tellement mieux. D'ailleurs, lui a toujours eu le sentiment que j'étais une femme, et que c'est normal et logique. Lui, ce papa tellement masculin dont je craignais le pire des jugements, m'explique que j'étais bien plus rayonnante sur scène dans une apparence féminine qu'au travail, dans cette apparence masculine. Alors, il m'encourage, me dit de foncer puisque j'en ai la force et le courage.

Cette caution, même si je n'en avais aucunement besoin, me rassure malgré tout. Je sais combien mon physique androgyne joue pour moi. Je n'ai jamais cherché à cultiver l'ambiguïté, mais je sais qu'elle m'est bien utile.

Je quitte la réunion, le cœur en paix.

Demain, je sais que je pourrai assumer pleinement mon identité de genre féminine, personne n'en sera surpris.

Ce premier jour du reste de ma vie dans mon identité de genre, après avoir avalé mes comprimés d'hormones et appliqué le gel d'œstrogènes, j'ai soigneusement choisi la tenue avec laquelle me rendre au travail. J'appréhende, bien sûr.

Peur de choquer.

Peur de leurs réactions.

Peur que ce que je crois acquis ne le soit pas.

Peur des sarcasmes.

J'ai hésité entre un pantalon et une jupe assez longue assortie d'un chemisier coloré et d'une ceinture assez large. Finalement, cette seconde tenue a eu mes faveurs. Il faut marquer le coup. Tout le monde me connaît en pantalon et baskets, je vais donc affirmer le changement. Puis, j'ai enfilé une jolie paire de talons. Enfin, maquillée, coiffée, je me suis rendue au travail, la démarche assurée, mais l'estomac noué. Dans mon identité de genre féminine, je rejoins l'équipe exclusivement composée de femmes. Et avec le temps, à force de les côtoyer, de les regarder vivre, de les écouter se confier, j'ai vu leurs tenues vestimentaires évoluer. Il y a les collègues qui s'apprêtent chaque matin, mais plus nombreuses sont celles qui portent peu d'attention à leur apparence. Elles sont bien dans leurs fringues et c'est ce qu'elles recherchent.

Du confort.

De l'agilité.

Peu de coquetterie.

Me voilà donc, débarquant dans ma jolie jupe, sur mes talons, attirant tous les regards. Je ne crois pas en avoir trop fait, au contraire, je suis simplement moi, bien dans ma peau, rayonnante. Et mes collègues découvrent cette facette de ma personnalité que j'ai si longtemps cachée. Elles découvrent ma féminité, mes goûts, mon visage maquillé. Et elles s'extasient, me trouvant même trop jolie et très coquette, et craignant leurs propres complexes. La directrice administrative et financière m'explique même avec humour que je place la barre beaucoup trop haut, elles ne sont pas prêtes. Et tout cela, dans des éclats de rire, de la douceur, un immense respect pour celle que je suis. Elles s'imaginent qu'il m'a peut-être fallu des heures pour parvenir à ce résultat, et justement pas. Il m'a fallu quelques minutes, comme à n'importe quelle femme sûre d'elle qui se prépare le matin avant d'aller travailler. Cela a été facile, parce que c'est tout simplement évident pour moi, comme ça l'est pour elles. D'ailleurs, dans les jours qui suivent, j'observe que certaines de mes collègues prêtent davantage attention à leur tenue.

Voilà, j'ai au moins permis à certaines d'entre elles de se rendre compte qu'elles peuvent être jolies en fournissant peu d'efforts.

Depuis un peu plus d'un an, mes collègues me connaissaient dans une identité de genre masculine. J'ai avec chacun d'eux des rapports cordiaux, qu'ils soient des hommes ou des femmes. Cependant, le fait de basculer dans une identité de genre féminine a aussi opéré un changement, notamment dans mes rapports avec les hommes. C'est étonnant comme du jour au lendemain, j'ai eu bien plus de facilités à obtenir ce que je demandais ! J'ai constaté que mes demandes étaient traitées bien plus rapidement, et que mes exigences étaient satisfaites sans que j'aie à me répéter. J'ai accepté avec un plaisir non feint ce nouveau sésame auquel j'ai donc accès, tout en reconnaissant le caractère un peu dérangeant de la chose. Évidemment, mon intérêt est de ne plus courir partout et de demander sans cesse les mêmes choses aux mêmes personnes, j'apprécie donc que le nouveau pouvoir dont je suis dotée m'ouvre ces portes. Cependant, je regrette que le professionnalisme dont on fait preuve change selon que l'on s'adresse à un *alter ego* ou à une personne du sexe opposé, avec laquelle un rapport de séduction, même inconscient, est induit.

Ce qui est nouveau, surtout, c'est que ce changement qui m'est perceptible ne l'est pas pour les autres. Mes collègues ne se rendent même pas compte que leur comportement a changé vis-à-vis de moi. Avant, ils avaient un collègue d'apparence masculine et se comportaient avec lui comme les hommes entre eux. Désormais, ils ont une collègue jolie, séduisante, et ils se comportent avec elle comme les hommes peuvent se comporter avec les femmes, tout simplement. Eux ne voient pas leurs réactions changer, moi, je les vois, je le sais, je le ressens et c'est assez désarmant. C'est comme si, du jour au lendemain, ils me donnaient une légitimité à laquelle je n'avais pas accès lorsque j'étais dans une identité de genre masculine. Mais le plus évident est le fait que ces hommes, des intermittents pour la plupart, avec lesquels la Cité des arts travaille, ont opéré le changement en une fraction de seconde, comme les enfants. Il ne leur a pas fallu mille ans pour se rendre compte que j'étais une femme à part entière, me respecter en tant que telle et agir avec moi en conséquence.

Les petites filles des groupes que j'accompagne se sont quant à elles extasiées. Un jour de rassemblement de tous les groupes, elles m'ont découverte maquillée, apprêtée, et ont été subjuguées. L'une d'elles m'a même dit qu'elle espérait un jour me ressembler. Et cela m'a touchée profondément parce que cela signifiait que cette petite fille s'identifiait à la femme que je suis. S'il me restait une once de doute, elle s'est dissipée en une fraction de seconde. Et puis, bien plus que l'apparence, il est évident que je suis enfin moi-même au grand jour, et les enfants ne s'y trompent pas.

Le fait de m'assumer dans mon identité de genre engendre un changement flagrant et une espèce de bascule radicale dans une nouvelle partie de ma vie et dans mon rapport aux enfants.

Je peux le dire, il y a eu un avant et un après.

Avant, lorsque j'étais dans une identité de genre masculine, les enfants tenaient une certaine distance, nos rapports étaient cordiaux, respectueux, mais certainement pas tendres. Une fois que je suis installée dans mon identité de genre féminine, les petites filles viennent m'embrasser, me donner des câlins, se serrer contre moi. Et j'accueille cette tendresse à mon égard comme un véritable cadeau tant leur sincérité est désarmante. Ces marques d'affection me montrent une fois de plus que je ne triche pas, je suis à la bonne place, au bon moment, dans la bonne identité. Ces enfants reconnaissent en moi la femme que je suis, celle à laquelle certaines fillettes s'identifient, et viennent chercher auprès de moi, comme auprès de beaucoup d'autres femmes, la douceur, le réconfort, la compréhension. Leur instinct ne se trompe pas. Ainsi, en quelques jours, ces enfants viennent me faire des câlins, me prennent dans leurs bras avec une sincérité désarmante.

Finalement, en quelques mois de prise d'hormones, j'ai acquis une légitimité que je n'aurais jamais imaginé avoir un jour. Tout est fluide et naturel, comme ce jour où je dois me rendre à une réunion avec la Caisse d'allocations familiales, qui est le partenaire financier le plus important du projet. Je n'ai pas poussé le coming-out jusqu'à aller informer chaque partenaire de ma transition. Aussi, ce jour-là, je ressens une certaine appréhension à me présenter en robe, juchée sur des talons. Je m'attends une fois encore à des questions, des réactions, des commentaires. Aussi, en confirmant l'heure de la réunion par e-mail, je préviens tout de même mon contact du fait qu'il verra quelques petits changements. À l'heure de la réunion, il ne se passe rien. Je suis surprise de l'absence de réaction de mes interlocuteurs. Il n'y a eu ni réaction d'aucune sorte, ni gêne, ni malaise.

Rien.

Il ne se passe strictement rien, comme si rien n'avait changé. Je n'en ressens d'ailleurs aucune frustration, mais je constate que cette non-réaction est en soi une réaction qui n'est tout de même pas anodine. Peut-être que ces partenaires ont été informés par un autre canal, mais ils ont eu la délicatesse de ne rien dire. Cela démontre que ce qui prend de la place à ce moment-là pour moi, dans ma vie, n'a pas ou peu d'impact sur celle des personnes avec lesquelles je travaille au quotidien, et c'est très bien.

Cela étant, je ne veux pas me mentir non plus : je suis convaincue qu'avoir un physique comme le mien m'a beaucoup aidée. Et, en écrivant cela, je pense au petit enfant que j'étais, qui subissait les moqueries, que l'on appelait *ti fanm* et pour lequel ça n'a pas toujours été facile d'avoir un corps si gracile et des attitudes efféminées. Il est évident que ma transition aurait été bien plus complexe si mon corps masculin avait en plus présenté des caractéristiques masculines très marquées. Je n'ai jamais cherché à me justifier. Aussi, en informant mes interlocuteurs d'un changement, sans préciser lequel, a permis de déconstruire les représentations que les uns et les autres se font, de ne pas laisser de place aux fantasmes. Et c'est d'autant plus important que La Réunion est très différente de la métropole. Si à Paris, l'individualisme est tel que les gens ne se mêlent pas de la vie des uns et des autres, à La Réunion, la culture du qu'en-dira-t-on est bien ancrée. Aussi, je sais que si ce que je représente n'est pas crédible, je n'aurai pas sitôt quitté la pièce que les commérages iront bon train et dépasseront en un rien de temps les murs et les espaces que je connais. Et puis, la religion est très présente dans la vie des gens, à tel point que l'on s'y réfère, quelle qu'elle soit d'ailleurs, pour savoir où se trouvent le bien et le mal, le bon et le mauvais, pour se fixer une ligne de conduite qui respecte la morale, quitte à s'enfermer dans des préjugés.

Ne pas se justifier.

Ne pas attendre de permission.

Ne pas en faire des tonnes.

Autant de décisions qui m'ont finalement servi puisque je n'ai fait cas de rien. Je n'ai pas demandé d'autorisation, j'ai opéré mon changement et les autres ont vécu avec. Jamais personne ne s'est ouvertement extasié, pas plus que personne ne s'est jamais offusqué.

En 2016, je me suis rendue à la Philharmonie à Paris, dans le cadre de ce projet, pour une réunion des coordinateurs nationaux. À cette occasion, étant donné que nous n'étions pas réunis toutes les semaines, nous avons posé tous ensemble pour immortaliser le moment. Trois ans plus tard, alors que je suis en pleine transition, ma collègue coordinatrice nationale reçoit cette photo et s'étonne de ne pas m'y voir. Pourtant, elle se souvient bien que j'étais là et se demande pour quelle raison je ne suis pas sur ce cliché ! Sa réaction m'amuse, il faut donc que je lui rappelle que je suis là, portant le tee-shirt violet ! Christelle a simplement oublié qu'un jour, dans une autre vie, elle m'a connu dans une identité de genre masculine. Et cela me fait beaucoup rire, parce que cela signifie bien que, si ce temps de la transition m'a peut-être semblé long, alors que je ne l'ai mis en œuvre que depuis à peine quatre mois, pour les autres, la transition a été immédiate, instantanée, elle a existé au moment où je l'ai annoncée.

8

Louïz

Je dois bien l'avouer, le traitement porte ses fruits. Après quatre mois de prise d'hormones et d'extension, je suis abordée dans la rue par des hommes qui voient en moi la femme que je suis. Ma poitrine s'est développée pour atteindre le volume d'une poitrine adolescente. Compte tenu de ma corpulence, je ne m'attendais pas à davantage. Ça n'est ni une déception ni une souffrance. J'accepte ce nouveau corps et donne de l'ampleur à mon décolleté grâce aux soutiens-gorge push-up qui arrondissent quelque peu les formes. Pour le moment, ça me suffit. Je sais qu'il sera possible de recourir à une mammoplastie d'augmentation plus tard. Pour le moment, je n'y suis pas prête.

Alors que désormais tout mon entourage personnel et professionnel est informé de ma transition et a donc vu le changement s'opérer, j'ai poursuivi mes recherches sur les traitements. D'abord, je me suis mise en quête d'un troisième endocrinologue. Le précédent était bien sympathique, mais il m'a semblé qu'il interrogeait peu sa pratique et j'avoue qu'en acceptant la prise de ce traitement durant six mois, j'ai eu le sentiment de me contraindre.

Ce troisième médecin est plus jeune, il me semble plus au fait de la situation et mieux informé. Surtout, il a accompagné plusieurs personnes dans leur transition, ce qui me rassure. Il entend mes craintes concernant le traitement en cours. D'ailleurs, à force de recherches, j'ai découvert qu'il est relativement controversé, car responsable aussi d'une augmentation du risque de développer un méningiome, tumeur cérébrale bénigne, certes, mais invasive. Surtout, le risque n'est pas anodin. L'assurance maladie, qui a suivi 250 000 femmes prenant ce traitement, a mené une étude pharmaco-épidémiologique révélant que le risque de développer un méningiome est multiplié par sept chez les femmes ayant pris ce traitement à forte dose au-delà de six mois et par vingt après cinq années. Or, il est évident que si l'on me prescrit ces médicaments, ce n'est pas à une dose minimale pour assurer un traitement de fond. On est plutôt sur un traitement de choc. Au fil de mes lectures et recherches, je découvre que ce risque est connu depuis 2010 et que cette étude publiée en 2018 a conduit l'Agence nationale de sécurité du médicament à constituer un comité scientifique temporaire afin de revoir les modalités d'utilisation de ce médicament de sorte à limiter les risques de survenue des méningiomes. D'ailleurs, à la suite de la remise de ce rapport à la ministre Agnès Buzyn, alors en poste, une dizaine de patientes ont décidé de poser plainte. Le journal *Libération* va même jusqu'à titrer « Androcur : un cachet au parfum de scandale[1] ». Un numéro vert est mis en place afin que les patientes prenant ce traitement obtiennent des renseignements et, pourtant, il leur est conseillé de l'interrompre brutalement. Car voilà, ce genre de traitement doit être arrêté progressivement, au risque de provoquer des effets indésirables violents, voire dangereux.

J'informe mon endocrinologue de mes recherches, lequel découvre les risques associés à ce médicament, et le scandale qui commence à poindre. Il me propose une alternative : l'arrêt de ce traitement et la prise de progestérone qui peut suffire à maintenir un taux très bas de testostérone. Mais je le sais aussi, ce traitement n'est pas sans risque non plus. En effet, les risques de développer une maladie thromboembolique veineuse ou d'être victime d'un AVC sont

1. Édition de *Libération* publiée sur le site internet www.liberation.fr le 10 septembre 2018 par Sabrina Champenois.

deux fois plus élevés chez les femmes transgenres sous hormonothérapie que chez les hommes et les femmes cisgenres.

L'arrêt progressif du traitement initial que j'ai quand même pris à de fortes doses durant cinq mois et demi, associé à la prise de progestérone, provoque des effets secondaires plus qu'indésirables. Je suis informée, si bien que je sais que l'état dépressif dans lequel je sombre est uniquement associé au bouleversement hormonal violent qui s'opère en moi. Cependant, je traverse des moments dans lesquels je me fais très peur. Le sevrage induit une espèce de descente aux enfers, à laquelle je n'étais pas préparée.

Instabilité émotionnelle.

Variations de l'humeur.

Bouffées d'angoisses.

Estomac noué en permanence sans raison apparente.

Fatigue intense.

Crises de larmes.

Je passe de la bonne humeur à l'angoisse la plus complète en une fraction de seconde. Un rien, un mot de trop, engendre de ma part une surréaction que je ne maîtrise pas plus que je ne la comprends. Mes collègues qui me connaissent habituellement joyeuse, décidée, toujours partante ne me reconnaissent pas et s'inquiètent d'autant plus que je suis incapable de mettre des mots sur ce que je vis. Cet état perdure six à huit semaines, le temps pour mon corps de reconnaître la progestérone comme une hormone amie devant compenser l'arrêt de l'Androcur. Et puis avec le temps, l'équilibre revient, mon corps se féminise, mon moral se rétablit et je suis enfin certaine d'être sur la bonne voie.

À propos de voie, il y en a une dont je ne m'étais pas beaucoup souciée jusqu'alors, c'est ma voix. À l'adolescence, ma voix d'enfant avait mué pour devenir assez peu marquée par les hormones. Mon timbre a toujours été à la fois un peu grave et rond. Je ne peux pas dire que ma voix est caverneuse, profonde ou puissante comme peuvent l'être celles de certains hommes. Ma voix, à l'image de mon corps, est plutôt androgyne. Toutes les femmes n'ont pas une voix perçante ou aiguë. La mienne se situe donc plutôt dans un registre suave. Aussi, en entamant ma transition, je ne me suis pas souciée de savoir comment évoluerait cette voix, étant donné qu'elle ne me complexe pas et qu'elle est surtout un fabuleux outil de travail. Ma voix ne m'a jamais fait défaut, pas plus qu'elle n'a suscité de questions, d'ailleurs. Cette voix n'est pas un sujet dans ma transition. Aussi, en 2018, je suis très surprise que l'on me propose de participer à un travail de féminisation vocale.

À cette époque, l'orthophoniste Mariela Astudillo Ramirez débarque à La Réunion avec pour projet de présenter la méthode[1] qu'elle a développée depuis 2005 et qui consiste à travailler la féminisation de la voix, notamment pour les femmes transgenres, mais aussi pour toutes les femmes dont la voix aurait subi des traumatismes. En effet, cette orthophoniste s'est rendu compte que la prise d'hormones dans le cadre d'une transition féminine n'a aucun impact sur l'évolution de la voix. Ce que la progestérone a produit à l'adolescence ne peut être déconstruit. À l'inverse, dans le cadre d'une transition masculine, les hormones font une grande partie du travail pour conférer à la voix initialement féminine une tonalité et un timbre masculins.

La voix, c'est le moyen de socialisation le plus évident. Or, avoir une voix qui n'est pas en harmonie avec le genre et l'apparence peut être source de mal-être et empêcher les personnes en transition d'assumer pleinement leur démarche. La demande de femmes transgenres est importante, partout dans le monde. Mariela Astudillo Ramirez développe sa méthode en français, en espagnol, sa langue maternelle, et en anglais, depuis plus de quinze ans. Lorsqu'elle arrive à La Réunion, je n'ai aucune idée que cette méthode existe. Alors qu'Antenne

1. La méthode Astudillo : www.femivos.es/fr.

Réunion[1] souhaite consacrer un reportage à cette orthophoniste, la production suggère de la suivre dans son métier. Or, Mariela Astudillo Ramirez n'a aucun patient sur l'île. En tant que femme transgenre un peu connue sur l'île, qui aurait peut-être besoin de féminiser sa voix, je suis donc contactée. J'avoue que ce sujet ne m'avait jamais effleuré l'esprit, mais une fois rassurée sur le fait que ce travail n'aura aucun impact sur le chant, je me lance.

Et au fil de nombreuses séances, chaque semaine, je découvre ce travail minutieux, imposé à l'appareil phonatoire pour en modifier les couleurs. Car la voix n'est pas uniquement le fait de nos cordes vocales. L'appareil phonatoire comprend de nombreux organes et muscles qui, en fonction du souffle que l'on expire, produisent les sons. Et les cordes vocales ne sont qu'une partie de cet appareil complexe.

La méthode proposée par Mariela Astudillo Ramirez agit à la fois sur la gymnastique du larynx, l'émotivité vocale, la manière de s'exprimer, les expressions du visage. En travaillant la respiration, en poussant la voix de tête le plus possible dans les aigus, l'orthophoniste aide la personne en rééducation à trouver la voix qui assure le juste équilibre

1. Antenne Réunion est une chaîne de télévision commerciale locale privée française dont les programmes sont diffusés à La Réunion : www.antennereunion.fr.

entre son identité et sa personnalité, sans avoir recours à la chirurgie.

Car la chirurgie des cordes vocales pour féminiser la voix existe aussi. Dans ce cas, le médecin est amené à jouer sur la longueur, la masse et la tension des cordes pour rendre la voix plus aiguë. Le seul problème de cette technique est qu'il n'y a pas de recul sur le vieillissement des cordes vocales. Or, une voix vieillit. Une femme n'a pas à 80 ans la voix qu'elle avait à 40. Et puis, cette intervention a souvent pour effet de produire une voix soufflée, ce qui, en chant, peut être une sacrée contrainte.

Étant donné que je ne suis pas une grande adepte de la chirurgie de manière générale, et que cette technique phonatoire est venue à moi sans que je le demande, je m'adonne donc scrupuleusement aux exercices conseillés par l'orthophoniste et, sans que ma voix perde sa rondeur et sa sensualité initiales, j'observe cependant que mes intonations se féminisent. J'apprends à gérer la hauteur du son, à trouver des repères et je m'aperçois qu'au téléphone, rares sont les fois où j'entends « bonjour monsieur ». Cela peut prêter à rire, mais c'est un test tout à fait concluant !

Quitter le corps de Jovani pour devenir pleinement celle que je suis depuis toujours ne m'a pas demandé de sacrifices insurmontables. Il m'a été plus difficile de passer trente-quatre ans dans un corps qui n'était pas le mien que de faire éclore la femme que je suis. Cependant, j'ai bien conscience que ça n'est pas le cas pour toutes les femmes dans ma situation. Selon le moment où l'on commence la transition, et les marqueurs masculins de départ, les efforts à fournir ne sont pas les mêmes. Ainsi, certaines femmes doivent avoir recours à différentes chirurgies du visage pour en gommer les traits masculins, ce qui n'a pas été mon cas.

Et cela étonne d'ailleurs.

Encore aujourd'hui, cinq ans plus tard, certains ne peuvent pas croire que je n'aie eu recours à aucune chirurgie plastique des pommettes, des lèvres, des paupières, du nez ou que je sais-je encore, ou à aucune injection, comme si, finalement, on ne pouvait avoir un visage harmonieux sans chirurgie, que l'on soit un homme ou une femme ! La seule chirurgie plastique à laquelle je recours est finalement l'augmentation mammaire. Je saute le pas en 2020, après deux ans de réflexion, non pour me procurer une poitrine digne des stars de téléréalité, mais pour que mon reflet dans le miroir soit en accord avec ma personnalité. Aussi, le volume choisi avec le chirurgien est parfaitement équilibré, en accord avec ma corpulence. Mais là encore, aucun hôpital public à La Réunion ne propose cette opération. Si l'intervention est pratiquée dans le public, une entente préalable avec la Sécurité sociale peut être demandée, lorsque le volume obtenu après plusieurs années de traitement hormonal est insuffisant, ou lorsque l'asymétrie de la poitrine est très marquée. Je recours à cette intervention dans une clinique esthétique privée et m'acquitte donc, comme la plupart des femmes ayant recours à cette intervention pour une raison autre que la reconstruction mammaire, à un dépassement d'honoraires important.

Mais tel est le prix à payer !

De ma précédente vie, j'ai le souvenir de discussions avec des copines qui m'expliquaient qu'être une femme coûte une fortune. Et je les écoutais énumérer en riant les coûts des soins esthétiques divers, des épilations, du coiffeur, des tenues, etc.

Moi, je mesure à quel point devenir la femme que j'ai toujours été nécessite aussi des sacrifices et je n'ose imaginer quel est le parcours de celles qui n'ont pas les moyens financiers, ou de celles qui ont une identité masculine extrêmement marquée. Après ces deux années de parcours, je mesure pleinement le chemin, et surtout la chance qui est la mienne, que le *passing* soit réussi.

Sociologiquement, le *passing* est la capacité d'une personne à être identifiée comme membre d'un groupe social auquel elle appartient. Cela vaut autant pour l'ethnie, par exemple, que pour le genre. Personnellement, je n'ai pas eu de difficulté avec mon *passing* étant donné qu'après seulement quelques mois de prise d'hormones, j'ai été reconnue en tant que femme et draguée par des hommes hétérosexuels. J'ose aujourd'hui dire que la réussite de mon *passing* s'est aussi retournée contre moi à certains moments de ma vie, notamment parce que ce n'est pas tant la dysphorie de genre qui pose question que mon envie de nouer des relations amoureuses et sérieuses avec des hommes. Ma difficulté à ce moment-là provient justement du fait que les hommes que je rencontre sont à des années-lumière de s'imaginer qu'ils draguent une femme transgenre.

Après ma rupture sentimentale au début de ma transition, j'ai fréquenté un peu les sites de rencontres dédiés aux gays. Et je me suis rendu compte bien malgré moi que la tolérance n'y est pas monnaie courante. J'ai été assez choquée de constater que les femmes transgenres y sont souvent qualifiées de « grandes folles ». J'ai vu le spectre de *La Cage aux folles* ressurgir, tout comme d'ailleurs celui de la prostitution, avec d'autant plus de tristesse que dans mon entourage, je n'ai pas eu à subir ce genre de préjugés. J'ai pris en pleine figure et moins de temps qu'il n'en faut pour le dire tout ce que la masculinité a de plus toxique, et je me suis finalement désinscrite au bout de quelques jours.

J'ai alors tenté ma chance sur des sites de rencontres hétérosexuels. Là, les débuts ont été plus prometteurs puisque j'ai rencontré un garçon en très peu de temps. Finalement, il a suffi que je lui avoue ma transidentité pour qu'il disparaisse. Et c'en était fini de mes belles croyances emplies d'une certaine naïveté.

Quand on aime, on se fout du physique.

S'il t'aime, il comprendra.

Tu parles ! Quoi que l'on se dise, dès lors qu'un homme drague une femme, il ne s'attend pas à ce que celle-ci, aussi jolie, et à son goût soit-elle, soit une femme transgenre.

Au début, je commençais par là. Les premiers mots échangés, le premier verre terminé, je balançais ma vérité et regardais mon chevalier servant du moment se déliter, tourner les talons, me dire : « Tu m'excuses deux petites minutes ? Je reviens » et ne pas revenir, ou ne pas donner suite au premier rendez-vous.

Alors, j'ai ensuite décidé d'attendre la troisième entrevue. Comme je ne suis pas ce genre de femme qui donne tout le premier soir, j'ai décidé d'apprendre la patience aux hommes que je rencontrais. Mais l'effet au troisième rendez-vous était le même qu'au premier, à cela près qu'après trois rendez-vous, ils me disaient à quel point j'étais une nana fantastique, pleine d'énergie, belle, drôle, pimpante… Après ce troisième rendez-vous, j'ai vu ces hommes passer de l'euphorie et l'impatience à la retenue et la distance. Les explications n'ont pas manqué pour justifier qu'on ne se revoie pas, quand des explications ont été données. Parfois, ils n'ont tout simplement plus décroché le téléphone.

Désolé, j'ai un gros souci à régler, je te rappelle.

Désolé, j'ai décidé de retenter avec mon ex.

Désolé, les relations sérieuses, ce n'est pas pour moi.

Désolé, je viens d'être muté au bout du monde.

Désolé, je crois que je suis gay.

Aussi douloureuses qu'aient été ces expériences, elles m'ont néanmoins démontré que l'histoire d'amour est possible pour une personne comme moi, et n'ont pas tout de suite entamé mes espoirs.

J'ai le souvenir ému de ma rencontre avec Maxime, juste avant que je ne débute mon traitement hormonal.

Le coup de foudre.

On s'est vus.

On s'est reconnus.

On s'est plu.

Le coup de foudre a été instantané, violent, désarmant. Notre histoire est allée vite et a été très intense. Maxime n'a toujours connu que des femmes cisgenres, mais voilà, il est amoureux, autant que moi. Maxime, à ce moment-là, me réconcilie avec ce que je crois de l'amour avec un grand A : l'amour n'a pas de sexe, l'amour n'a pas de loi. Je laisse juste parler mon cœur et suis convaincue qu'il fait de même. Alors, nous vivons cette relation d'une intensité folle pour laquelle je me suis même imaginée que, pour vivre une sexualité épanouie, Maxime rencontrera des femmes et ça ne me gênera pas, parce que nous nous aimons. Je suis même convaincue que la relation en trio ne sera pas un problème. Mais au moment où Maxime exprime ce manque dans notre relation, je viens de commencer mon traitement hormonal et il n'est pas question que je m'éparpille dans une relation physique qui pourrait me mettre mal à l'aise. C'en est certainement trop pour Maxime qui rompt alors, à mon grand désespoir.

Parce que cette fois, j'y ai vraiment cru. J'ai respecté sa décision, mais j'ai pris cette gifle, qui venait balayer mes espoirs d'une vie amoureuse sereine et équilibrée, de plein fouet. J'ai naturellement développé une certaine crainte de toujours revivre les mêmes histoires et, cela n'étonnera personne, c'est exactement ce qui s'est produit, simplement parce que l'on attire ce que l'on vibre.

J'ai donc attiré des hommes qui ont fini déçus du fait que je ne sois pas une femme cisgenre.

Je ne suis pas née de la dernière pluie. J'ai bien compris, et très vite d'ailleurs, que les abandons successifs sont entièrement liés à mon histoire et à ma transition. Je sais intimement que je suis une bonne personne, et que cette transition n'a rien changé d'autre en moi que mon apparence.

Mes valeurs sont les mêmes.

Mes croyances sont les mêmes.

Mes espoirs sont les mêmes.

L'éducation que j'ai reçue a fait de moi une personne tolérante, bienveillante, respectueuse des autres, de leurs différences et, dans ce grand chamboulement, s'il y a bien une chose dont je suis certaine, c'est que tout dans les relations humaines ne se résume pas au sexe.

Pourtant, alors que je suis enfin en paix avec mon corps, je me dois de réinterroger ma propre féminité. Ces relations avortées, qui manquent cruellement de sincérité, avant même les premiers baisers, les premiers frissons, me déstabilisent et génèrent en moi un sentiment de dévalorisation.

Qu'est-ce qui fait une femme ?

Suis-je moins femme au motif que je ne suis pas née dans ce corps ?

Suis-je moins femme au motif que mon sexe physique n'est pas féminin ?

D'abord, je revois mon hypnothérapeute avec pour consigne qu'il exige de mon inconscient que je ne tombe plus amoureuse. Autant dire qu'il accueille cette demande avec une certaine ironie, simplement parce que la question ne se pose pas en ces termes. Le problème n'est pas tant de ne pas tomber amoureuse que de ne pas être dépendante affective. Et l'on peut être amoureuse sans dépendre de l'attention et de l'affection de l'autre, fort heureusement. Je travaille donc sur cette dépendance affective, certainement héritée de ma petite enfance, période durant laquelle j'ai été ce fils qui a fait tout ce qu'il pouvait pour plaire à son père, alors qu'il n'était manifestement pas le fils idéal. Et cette lutte acharnée qui me faisait monter sur scène pour gagner les applaudissements et la reconnaissance a aussi induit chez moi cette peur viscérale et inconsciente d'être abandonnée, de ne pas plaire. Alors, comme pour conjurer le fait qu'un jour mon amoureux me quittera, je donne sans compter, je dis oui à tout, au mépris de ma propre personne. J'accepte tout pour ne pas être seule. Et pire que tout, je me considère comme sacrément chanceuse que des hommes s'intéressent à une femme comme moi.

Parallèlement, je me lance dans un travail de développement personnel et réinterroge ce qui fonde la féminité en moi, pour essayer de trouver ma juste place dans ces rapports humains. Essayer de saisir à quel moment l'histoire achoppe.

Il me faudra du temps et de nombreuses lectures pour comprendre que pour être aimée, encore faut-il s'aimer soi-même, ce qui passe nécessairement par ne pas accepter n'importe quoi de n'importe qui. Et ce n'est pas parce que les hommes me trouvent charismatique que je ne suis pas pour autant sensible. Et puis, je m'interroge nécessairement sur la nécessité ou non de passer par la chirurgie de réassignation sexuelle, étape que toutes les personnes transgenres ne franchissent pas parce qu'il s'agit d'une chirurgie très lourde, avec parfois des conséquences douloureuses et pouvant provoquer des complications. En 2020, je ne suis pas encore prête à franchir ce cap.

L'année 2020 marque un tournant important : mon changement d'état civil. Avant de me lancer dans la procédure administrative, j'ai consulté Google, qui a réponse à tout, et qui m'apprend que la loi du 18 novembre 2016 de modernisation de la justice du XXIe siècle permet d'engager un changement de prénom de sexe en saisissant le tribunal de mon lieu de naissance. Je dois pour cela apporter la preuve par tous moyens que je vis dans une identité de genre féminine. Et par tous moyens, le tribunal entend des témoignages, des photographies, des écrits permettant d'établir que je me présente dans une identité de genre différente de celle qui m'a été assignée à la naissance. L'administration est très précise : un seul fait ne suffit pas. Il faut au contraire mentionner différents faits tendant à prouver que « le sexe social ne correspond pas au sexe juridique », c'est écrit de cette manière sur le site même du service public !

Je produis alors les témoignages de mes collègues de la Cité des arts, des articles de journaux dans lesquels mon identité est citée, une attestation de mon endocrinologue. Mon dossier est solide, si bien que l'entretien devant le magistrat est une formalité. Un mois plus tard, je reçois la confirmation des modifications d'état civil et de mon sexe qui figurent désormais en marge de mon acte de naissance. Étant donné que je ne suis ni mariée ni parent, cela n'a pas de conséquence autre que pour moi. Je peux, sur la base de cet acte de naissance corrigé, refaire mes papiers d'identité, ce qui, mine de rien, rend le quotidien plus simple. Qu'il s'agisse de voyager ou de retirer un courrier recommandé à la poste, avoir des papiers d'identité qui correspondent à votre genre simplifie grandement la vie ! Les personnes transgenres mariées ou parents peuvent ensuite demander la correction de leur acte de mariage avec l'accord de leur conjoint, ou des actes de naissance des enfants, avec l'accord des enfants majeurs ou de l'autre parent quand ces derniers sont mineurs.

En 2020, alors que je suis pleinement satisfaite de la femme que je suis, qu'elle existe désormais juridiquement, et que je suis enfin en paix avec mon corps, j'accepte de fait que les relations amoureuses soient compliquées. J'en viens même à me dire que c'est un juste retour des choses.

Tel est le prix de ma féminité.

Tel est le prix à payer.

9

May

Début mars 2020.

Je débarque de l'avion à Pattaya, où je serai rejointe dans quelques jours par une équipe du magazine *66 minutes*[1]. Là, dans cette chaleur moite thaïlandaise, j'atterris après sept heures de vol depuis La Réunion, et pour la énième fois depuis l'embarquement, je refais le fil de cette histoire. Comment, alors que rien ne me prédestinait à devenir un jour reine de beauté, me suis-je retrouvée dans ce concours Miss International Queen 2020, auprès de dizaines de femmes du monde entier, certainement rompues à cet exercice que je n'ai encore jamais pratiqué ?

Car, que l'on ne se méprenne pas : Miss International Queen est juste le plus grand concours

1. Magazine de télévision diffusé chaque semaine sur M6.

de beauté au monde consacré aux femmes transgenres. Ce concours a été créé en 2004 et se déroule chaque année à Pattaya, cité balnéaire thaïlandaise. Au-delà de louer la beauté des femmes transgenres qui participent à ce concours, le concours a surtout pour objectif de sensibiliser aux droits LGBTQIA+[1] dans la société. Les participantes doivent donc être nées de sexe masculin, sans obligation d'avoir subi une intervention chirurgicale de réassignation sexuelle, être âgées de 18 à 35 ans et représenter uniquement leur pays.

Moi, je n'ai jamais participé à un concours de beauté.

Je sais marcher.

Je sais danser.

Je sais chanter.

Je me suis bien souvent glissée dans des costumes divers.

Mais je ne me suis jamais imaginée une seule seconde reine de beauté. Ce matin, alors que je franchis la douane avec mon passeport tout neuf, j'avoue que je suis assez étonnée de fouler le sol thaïlandais.

Quelques mois plus tôt, une connaissance m'adresse le formulaire d'inscription au concours.

1. Sigle utilisé pour qualifier les personnes lesbiennes, gay, bisexuelles, transgenres, queer, intersexes et asexués. Le sigle + est ajouté pour intégrer d'autres variantes d'identité de genre, de caractéristiques sexuelles ou d'orientation sexuelle.

En lisant les quelques pages du règlement, je me rends d'abord compte que j'ai dépassé la limite d'âge. Cependant, l'expérience pourrait être intéressante. Et puis, elle pourrait servir mon engagement : faire reconnaître nos droits, banaliser la transidentité, faire en sorte que les discriminations en tout genre cessent, car, transgenres ou pas, nous sommes d'abord des êtres humains et nos choix, nos batailles, n'enlèvent rien aux autres. J'aimerais tant que nul ne s'arroge le droit de juger les personnes en raison de leur orientation sexuelle, de leur couleur de peau, de leur genre, mais j'avoue avoir parfois l'impression de prêcher dans le désert. Et puisque, grâce à mes spectacles, je bénéficie d'une petite notoriété sur mon archipel, je la mets au service de ces communautés, dont je suis, et que je soutiens avec fierté. J'essaye de démontrer pour toutes celles qui n'ont pas la reconnaissance dont je jouis qu'une femme transgenre est d'abord une femme comme une autre. Cette couronne de Miss International Queen peut être un sacré sésame dans cette bataille pour notre respect, nos droits, notre reconnaissance.

Alors que j'ai commencé à remplir le formulaire, je me rends compte que de toute façon, la date limite d'inscription est dépassée. Qu'à cela ne tienne, puisque j'en suis à la moitié, je continue et décide de renvoyer le dossier malgré tout.

Au pire, on me répondra qu'il est trop tard.

Au mieux, on me fera une petite place quand même.

Cependant, cette histoire de limite d'âge fait que je remplis le formulaire sans plus de conviction. Si les questions sur mon état civil ou mes mensurations ne nécessitent pas trop de réflexion, si je détaille sans difficulté mon parcours artistique, j'avoue que je ne suis peut-être pas très exhaustive dans mes réponses sur mes motivations. Je joins les quelques photos demandées, un portrait, un cliché en pied, et voilà, j'appuie sur « Envoyer ».

La réponse ne se fait pas attendre.

Dès le lendemain, je reçois un message de l'organisation du concours qui confirme son intérêt pour ma candidature.

Mais.

Quoi ?

Mon âge ?

Le délai dépassé ?

Ma taille ?

Rien de tout cela. Comme je devais m'y attendre, je ne suis pas la première Française à déposer ma candidature pour ce concours. Or, une seule femme peut représenter chaque pays. Cependant, l'organisation est très intéressée et me propose donc de représenter la France des outremers.

C'est un véritable cadeau.

Je candidatais sans réelle motivation.

J'avais toutes les chances que ma candidature ne soit pas retenue.

Voilà que l'on me propose de représenter mon île et toutes les autres, sans aucune concurrence. J'ai donc toutes les chances d'être choisie pour représenter cette catégorie créée inopinément juste pour moi, sans que je l'aie demandé, et sans avoir à passer de casting.

Un cadeau !

J'accepte évidemment la proposition qui m'est faite et m'applique donc à préparer cette fois convenablement la vidéo que l'on me demande de renvoyer, dans laquelle je dois me présenter, expliquer mes motivations, parler de mes engagements pour la cause et ce que ce concours signifie pour moi. Ça tombe bien, réaliser des vidéos, je sais faire, et je déploie toutes mes cartes pour mettre à l'honneur les femmes transgenres. Je pose dans mon décor exotique, avec une tenue colorée qui met en valeur mes formes et ma peau métisse. Mon maquillage soigné rehausse simplement mon regard et ma bouche, pas besoin de plus pour être belle et très féminine. Je sais que cette vidéo sera par la suite diffusée sur les réseaux sociaux du concours, alors je pose ma voix, je choisis les mots et surtout, je me montre, moi, telle que je suis.

Assurée.

Naturelle.

Souriante.

Sensuelle.

À partir de l'instant où j'envoie la vidéo, je m'attends juste à recevoir une confirmation de ma participation pour représenter la France des outremers, un billet d'avion et quelques informations sur le déroulé du concours. Je ne m'attends à rien de plus.

Aussi, je tombe de ma chaise quand, trois semaines après avoir répondu à cet e-mail, je découvre que finalement, je suis sélectionnée pour représenter la France.

J'ignore qui étaient les autres candidates.

J'ignore si elles ont dû passer un casting en présentiel.

J'ignore quels sont les critères de sélection.

Il n'empêche que finalement, je suis la seule Française en lice pour ce concours international, dont j'ignorais tout un mois plus tôt.

La surprise est de taille, tout comme d'ailleurs le book qui accompagne cette réponse. L'agenda est détaillé sur des pages et des pages que je n'en finis pas de lire. Une chose est certaine, mon séjour à Pattaya risque de ne pas être de tout repos, et je doute même d'avoir le temps de me prélasser quelques heures sur la plage ou de faire un peu de tourisme. À chaque jour sa séance photo, ses rencontres avec des partenaires, des répétitions, des figurations et, bien sûr, à chaque moment de la journée sa tenue, aucune ne pouvant être portée plusieurs fois.

Me voilà en train de compter les maillots de bain, robes de cocktail longues, robes de cocktail courtes, robes de soirée, paires de chaussures que je vais devoir emporter. Le nez dans ma garde-robe, je dresse l'inventaire de ce qui pourra convenir pour tel ou tel autre événement, en fonction de la longueur demandée ou de la couleur exigée, car rien n'est laissé au hasard.

Me voilà plongée en deux minutes dans le monde des reines de beauté dont j'ignore absolument tous les codes. Et je suis effarée par la somme de bagages que je vais devoir préparer, tant la check-list est vertigineuse.

Heureusement, Alban, mon conseiller en image, m'accompagne dans les boutiques de Saint-Denis pour repérer les pépites, dont certaines me sont prêtées.

Déjà, l'équipe de journaliste de *66 minutes*, qui consacre un reportage aux beautés transgenres, me suit à la trace, et je joue le jeu. Les journalistes n'ont pas oublié que quelques mois auparavant, une jeune femme transgenre a été victime d'une agression d'une violence inouïe à Bordeaux. L'agression a fait la une des journaux nationaux et a secoué toute la communauté LGBTQIA+. Le taux d'agressions homophobe et transphobe connaissait alors une forte augmentation. Consacrer un reportage aux beautés transgenres peut donc contribuer à lutter contre ces actes de violence gratuite. Et puisque l'équipe de *66 minutes* est venue à moi sans que je le demande, j'ai décidé de profiter de ma petite visibilité pour montrer que l'on peut être une femme transgenre et être épanouie, belle et heureuse.

Chez moi, entourée de ma mère et de l'une de mes sœurs, je feuillette pour le journaliste l'album photo de mon enfance, je montre les clichés de Jovani, j'explique combien cette transition était un passage obligatoire pour être en harmonie avec moi-même. Et je suis convaincue que donner cette visibilité à ce combat est essentiel. Ma mère explique avec conviction combien soutenir son enfant est primordial. Peu importe finalement pour elle que je sois née garçon et devenue fille à l'âge adulte, je suis son enfant et je le reste. Je joue le jeu non pas pour mettre en valeur le concours de beauté, mais bien pour mettre la lumière sur le fait qu'être une personne transgenre ne change rien à qui l'on est.

Ce n'est pas grave.

Ce n'est pas problématique.

Ce n'est pas monstrueux.

C'est une décision intime et personnelle qui ne change rien à la personne que l'on est puisque celle que je suis, je l'ai toujours été, mais dans un corps qui n'était pas le bon. La large part d'audience de ce magazine, qui met en avant la minorité dont je fais partie et qui est encore aujourd'hui victime de transphobie, doit permettre au public d'ouvrir les yeux.

Notre discours, à ma mère et moi, est sincère. Maman rassure les parents en détresse face à la transition de leur enfant. De mon côté, je montre aux personnes transgenres qui connaissent des difficultés, et elles sont nombreuses, que le chemin existe et que le suivre est possible. Bien sûr, c'est une voie complexe et parfois douloureuse à tout point de vue, mais elle existe, elle est personnelle et n'est pas censée impacter qui ou quoi que ce soit. Les entretiens que j'ai avec l'équipe de journalistes sont bienveillants, et empreints d'optimisme. Même dans les boutiques où l'équipe m'accompagne pour les essayages et les choix des tenues, les personnes que nous rencontrons font d'abord part de leur immense fierté que La Réunion soit ainsi mise en avant. Les vendeuses avec lesquelles nous échangeons voient en moi une femme comme les autres, digne de représenter son île et la métropole tout entière. C'est une chance, et si en plus cela permet de montrer que les femmes transgenres ont exactement les mêmes qualités que les autres, alors tant mieux. Ma participation à ce concours, c'est d'abord une tribune pour parler de notre communauté et faire évoluer les regards et les mentalités sur ce sujet de société.

Pour l'occasion, puisque le défilé d'ouverture impose aux candidates de revêtir une tenue symbolisant leur pays, je me suis assuré les services de Sabey Kherrati d'une créatrice de mode qui a confectionné *la* tenue parfaite, dont les couleurs rappellent ma terre volcanique natale.

Un corset ajusté brodé de sequins dorés et bleus souligne ma nouvelle poitrine.

Une jupe courte brodée de coquillages et sequins met en valeur mes jambes longilignes.

Une large traîne bleu blanc rouge posée comme une cape à l'arrière de la jupe cache le drapeau réunionnais à l'intérieur.

En défilant, je tiendrai dans la main droite l'extrémité de la traîne de sorte à l'écarter de la jupe comme un éventail. Le drapeau français au recto et réunionnais au verso se dépliera comme une immense aile de papillon. La tenue est parfaite, ajustée, lumineuse, colorée. Elle me ressemble.

Dans l'avion qui m'emmène à Pattaya, je ressens quelque appréhension. Je ne suis pas certaine d'être faite pour les concours de beauté. J'imagine que l'ambiance entre filles rivales peut être délétère, et même si nous sommes toutes là pour défendre la même cause, je ne vois pas pourquoi les femmes transgenres se comporteraient entre elles autrement que les femmes cisgenres. Je redoute d'avoir à supporter des divas au mieux, des pestes au pire, moi qui ne suis ni l'une ni l'autre. Surtout, je vais devoir partager ma chambre et, à 37 ans, franchement, la perspective me réjouit peu, surtout si celle avec laquelle je vais devoir cohabiter est une jeune femme capricieuse tellement sûre de sa beauté que tout lui est dû. Quitte à faire sourire, j'ai prié l'univers pour que ma colocataire me ressemble, car si tel n'est pas le cas, les deux semaines s'annoncent tendues.

Et il faut croire que l'univers m'a entendue, car le lendemain de mon arrivée, alors que je suis déjà installée dans la chambre que nous allons devoir partager, May franchit le pas de la porte et, sans une once d'hésitation, elle vient se jeter dans mes bras et me serre tout contre elle, comme une vieille amie que l'on revoit après une trop longue absence.

May a tout juste 20 ans, elle représente le Myanmar, anciennement la Birmanie, une république qui connaît régulièrement des guerres civiles et dont la présidente, Aung San Suu Kyi, a été démise de ses fonctions en 2015, avant d'être nommée secrétaire d'État en 2016.

May est une jeune beauté asiatique, au visage fin, aux yeux en amande, aux longs cheveux châtains, à la peau diaphane. Elle est gracieuse, douce et empreinte de cette naïveté des jeunes gens, que j'ai un peu égarée en vieillissant. May a des pommettes saillantes, de longues mains fines et le visage encore un peu poupon. J'admire May d'en être déjà là sur ce chemin où je me suis aventurée bien plus tard qu'elle. J'admire sa détermination à entreprendre sa transition si jeune, à ne pas perdre davantage de temps et à prendre son avenir en main si tôt, à peine sortie de l'enfance.

May est là, dans mes bras, et à l'instant où notre éteinte se desserre, je sais que nous allons passer de merveilleux moments ensemble. Je sais qu'elle a vu en moi cette grande sœur qui l'accompagne dans cette aventure. Je sais que je viens de faire une rencontre déterminante, sincère, vraie. Je sais que, quels que soient les moments que nous allons vivre dans ce groupe de filles, nous serons là l'une pour l'autre, et je lui dis qu'elle peut compter sur moi pour la soutenir, l'épauler, la consoler, et rire aussi !

Ce concours se déroule en deux parties. Après les nombreuses séances photo et répétitions, les vingt et une candidates passent des auditions en vue de leur sélection au Talent Show, auquel seules douze d'entre elles participeront quelques jours avant le grand spectacle, le grand final, l'apogée du concours de beauté. Pour l'occasion, j'ai fait traduire le texte de mon titre *Y croire*, que je vais interpréter en français, mais dont le texte en anglais sera projeté sur un écran. Tant le concours de talent que le concours de beauté se déroulent en public et sont retransmis à la télévision thaïlandaise, à une heure de grande écoute. Les spectateurs sont même appelés à voter par téléphone pour leur candidate préférée. Les quelques jours séparant les deux épreuves permettent au jury de rencontrer les candidates et de commencer à se forger une opinion.

En 2020, le concours Miss International Queen fête sa quinzième édition. Pour l'occasion, la production a mis les petits plats dans les grands et, après quelques jours passés à Pattaya, nous voilà toutes embarquées pour Phuket, station balnéaire située sur la côte est du pays, et certainement la plus connue de toutes les villes côtières. Ici, nous sommes accueillies comme des ministres. À l'aéroport, des danseurs nous attendent à la descente de l'avion et notre bus est escorté par la police jusqu'à l'hôtel. Si je pensais avoir tout vu, voilà de quoi ajouter à la magie du moment : l'hôtel entier est décoré aux couleurs du concours, jusque dans les ascenseurs où les visages des candidates défilent sur les écrans tactiles !

Le Talent Show et l'élection de Miss International Queen se déroulent dans un immense centre commercial très réputé, devant près de 3 000 spectateurs. Se produire sur cette scène est une sacrée expérience pour moi, qui me suis jusqu'alors rarement présentée seule devant un public. Habituellement, je suis accompagnée de danseurs, de chanteurs, je joue un rôle. Mais je ne faillis pas aux auditions, je joue le tout pour le tout. Puisque je suis là, alors que je n'en ai plus l'âge, que j'ai rendu le dossier en retard, que je ne devais pas représenter la France tout entière, j'ai au moins trois excellentes raisons de tout donner ! Et c'est le cas. En quelques minutes d'une audition où je présente ma prestation sommairement, je fais sensation et me voilà parmi les douze jeunes femmes autorisées à fouler la scène du Talent Show, devant les yeux ébahis et émerveillés de ma petite May, qui ne perd pas une miette de tout ce que ce concours lui enseigne sur la tenue, la prestance, le savoir-être. Si je peux lui montrer l'exemple, l'encourager à persévérer, elle qui est encore très jeune et qui a de belles années devant elle pour participer à de nombreux concours de beauté, il y a bien une chose que je suis incapable de lui montrer : c'est l'esprit de compétition. Moi, je suis plutôt du genre « bonne perdante ». Je ne marche sur les pieds de personne pour gagner, si je dois me battre, c'est avec loyauté et d'abord contre moi-même. Toutes les concurrentes de ce concours valent largement la première place, et je nous considère toutes dans la même équipe. C'est sans doute mon côté bonne copine. Je ne participe pas tant pour gagner que pour faire avancer la cause. Si elle en a besoin un jour, c'est auprès d'une autre que May devra donc développer son esprit de compétition.

Ce 28 février 2020, j'ai choisi pour représenter la France une robe tout en paillettes, formant de larges bandes bleu pâle, bleu foncé, jaune et ocre. Encore une tenue qui s'accorde parfaitement aux reflets dorés de ma peau métisse, à ma chevelure noire épaisse, et qui laisse apparaître mes jambes fuselées. Toisant 1,67 mètre, je suis certainement l'une des plus petites femmes de la compétition, alors je joue sur les talons. Je connais par cœur le texte de cette chanson que j'ai écrite et qui m'a révélée au grand public trois ans plus tôt. Je monte donc sur scène, déterminée, convaincue que la traduction du texte jouera pour moi et que m'exprimer dans ma langue natale est le plus beau cadeau que je puisse faire à la France, dont je défends les couleurs ce soir. Mes années de danse et de chorégraphe m'ont apporté une certaine aisance sur scène. Je sais me déplacer. Je sais ne pas trébucher sur mes talons. Je sais regarder loin, garder la tête haute, les épaules détendues. Je sais donner l'impression à ceux qui regardent que tout cela est facile et ne me demande aucun effort.

Là, dans ce pays du bout du monde, une petite part de France se dévoile au grand public à travers ma voix et laisse le public enchanté, le jury, envoûté. Après plus de deux heures d'un show d'un niveau époustouflant, et alors que Miss Taïwan vient d'être déclarée troisième du concours, et que Miss Vietnam monte fièrement sur la deuxième marche du podium, nous sommes encore dix-neuf jeunes femmes en lice, à espérer remporter le concours. Il faut dire que les éditions précédentes nous ont montré que la jeune femme qui gagne le Talent Show est en général une des favorites du concours de beauté, voire la gagnante. Mon cœur bat la chamade, et alors que les paroles d'*Y croire* résonnent encore dans ma tête, je n'ose croire justement que j'ai ma place sur cette première marche.

Roulement de tambour.

Silence dans la salle.

Projecteurs braqués sur le présentateur.

Stress palpable.

Sourires figés sur le visage des candidates.

Minutes longues comme des heures.

And the winner is...

FRANCE !

Incroyable !

Je n'en reviens pas.

Il me faut quelques secondes pour retrouver mon sourire évaporé dans la surprise, et rejoindre Miss Taïwan et Miss Vietnam sur le podium.

Me voilà consacrée.

Contre toute attente, de ma part en tout cas.

Avec cette chanson si symbolique pour moi, cette chanson qui raconte mon histoire, qui m'a permis de me révéler à ma mère chérie, de montrer quelle artiste je suis et de rencontrer mon public. Cette chanson qui a donc été entendue ce soir par des millions de familles thaïlandaises dans sa langue originale me porte chance.

Alors que l'on me passe l'écharpe « Miss Talent Show 2020 » en satin écru brodé de vert sur l'épaule droite, je suis aux anges, extrêmement fière du chemin parcouru. Je repars avec un prix tellement symbolique que j'en ai oublié le montant et un trophée qui représente pour moi le chemin parcouru depuis ma transition, mais surtout l'ouverture vers ma vie d'artiste, celle à laquelle je consacre la majeure partie de mon temps depuis des années et qui ne demande qu'à être reconnue.

And the winner is... France !

Ces quelques mots résonnent dans ma tête et dans celle des concurrentes du concours. Ma prestation n'a laissé personne indifférent, et à la manière qu'a l'organisation de me tourner autour en permanence, il ne fait aucun doute que je suis une des favorites. Aussi, alors que nous attendons toutes dans un salon pour être reçues individuellement par le jury en vue de l'étape finale du concours, une des Miss lance en rejoignant sa place : « *And the Winner is...* » et toutes les autres reprennent en chœur dans un tonitruant éclat de rire général : « *France* » !

Ce serait trop beau.

Je n'ose y croire.

Je reste concentrée.

Dans l'intimité de notre chambre, je montre à May la robe que j'ai choisie pour la finale du concours, une longue robe noire, décolletée, échancrée, assortie d'une paire d'escarpins noirs élégants. Pour l'occasion, j'ai demandé à mon ami maquilleur de venir me rejoindre. Il ne sera pas de trop pour m'aider à fermer le corset de la robe du défilé d'ouverture et à changer de tenue en quelques minutes.

La robe du défilé.

Le maillot de bain une pièce vert amande.

La robe courte blanche.

La robe longue noire.

Toutes mes tenues sont là, sur des cintres, dans le micro-espace qui m'est réservé dans les loges. Tout est parfaitement organisé : une tenue, une paire de chaussures, des accessoires. Je suis habituée aux changements de costume dans les spectacles, mais je sais que ce soir, nous aurons moins d'une minute pour passer d'une tenue à l'autre. Il faut donc être précise, et surtout agile. L'aide de mon maquilleur ne sera pas de trop.

Je suis prête et pourtant, une nouvelle surprise de taille m'attend. À deux heures du lancement de la soirée, l'organisation du show m'annonce qu'un célèbre designer thaïlandais tient à me prêter une de ses créations pour la soirée. Et je découvre alors une sublime robe fourreau blanche, tout en transparence et sequins irisés, très ajustée, dotée de manches longues, d'un décolleté plongeant et d'une petite traîne. Évidemment, je suis touchée par le geste, qui prouve une nouvelle fois que je figure parmi les favorites, ce qui me ravit autant que cela me gêne vis-à-vis des autres concurrentes. En quelques secondes, je me rends compte que je n'ai pas les sous-vêtements adaptés à la tenue, ni les chaussures d'ailleurs, et encore moins les accessoires. Je suis décontenancée. Je partage alors mes craintes et sans se démonter, la production m'explique que tout est prévu. Et voici qu'en quelques minutes on m'apporte des sous-vêtements à ma taille de la couleur de ma peau, des chaussures de ma pointure assorties à la sublime robe.

C'est donc dans cette tenue immaculée que je défilerai, devant des millions de téléspectateurs et devant les caméras de M6 dont les journalistes ne perdent pas une miette du concours.

Quelques minutes avant le lever de rideau, nous nous tenons toutes par la main. L'esprit de sororité qui règne dans ce groupe est très fort et je sais que demain, elles me manqueront.

Quand le rideau sera retombé.

Quand la magie aura fini d'opérer.

Quand les valises seront bouclées.

Quand chacune reprendra sa route.

En attendant, le show fait rage. Entre deux changements de tenue, je réponds à quelques questions des journalistes, je leur rappelle l'importance pour moi d'être présente sur cette scène pour montrer au monde entier qu'être une femme transgenre ne rend pas les femmes moins belles, moins intelligentes, moins intéressantes. Justement, ces femmes transgenres qui viennent du Myanmar, du Mexique, du Canada, de Norvège, de Chine, de Thaïlande, du Brésil, du Laos, et de tant d'autres pays ont en commun de défendre une communauté méconnue et souvent méprisée. C'est exactement ce pour quoi je suis venue : mettre mon image au service de toutes ces femmes dont la voix ne porte pas suffisamment fort pour faire entendre et respecter leurs droits les plus élémentaires.

Les concurrentes qui défilent sous les yeux des spectateurs sont toutes sublimes. Les robes pailletées scintillent de mille feux. Il n'y a rien d'extravagant, rien de trop, rien de feint. Elles sont toutes là avec la même énergie, l'envie de montrer qu'elles sont simplement des femmes à part entière, avec un message très fort à porter et avec pour seul étendard celui de la cause LGBTQIA+. Car, partout dans le monde, les femmes transgenres ont besoin de cette visibilité.

Et alors que mon tour d'entrée en scène dans la sublime robe blanche très ajustée se profile, je regarde la scène depuis les coulisses.

Miss Australie, dans sa robe fourreau de plumes et paillettes roses.

Miss États-Unis, un peu maladroite sur ses talons aiguilles.

Miss Philippines, en robe bustier brodée d'or.

Miss Mexique, dans une robe bleue électrique qui rehausse la blancheur de sa peau et sa chevelure dorée.

Elles sont toutes magnifiques, et méritent toutes la couronne, avant de retourner à leur vie quotidienne, loin des strass et des photographes. Elles vivent ce moment comme une aventure extraordinaire. Après le défilé en maillot de bain, douze des vingt et une candidates ont été sélectionnées pour le défilé final. Dans les coulisses, alors que May me murmure : « *And the winner is... You !* », j'ébauche mes premiers pas dans cette robe de designer, et rejoins enfin le plateau sous les applaudissements et les projecteurs. Je prends place sur l'une des marches du grand escalier et attends patiemment l'annonce du top 6. Les candidates déchues quittent la scène pour laisser place aux six finalistes.

Miss Australie.

Miss Brésil.

Miss Philippines.

Miss Thaïlande.

Miss Mexique.

Miss France !

Mon stress sera de courte durée dans cette dernière phase du concours. J'échoue à la quatrième marche du podium, mais être dans le top 6 est une sacrée fierté. Ce soir-là, c'est Valentina Fluchaire, Miss Mexique, qui remporte la couronne, devant ses dauphines, Miss Thaïlande et Miss Brésil. Trois pays dans lesquels être une femme transgenre n'est pas une sinécure. Trois très jolies femmes qui dépassent 1,80 mètre. Trois défenseuses des droits LGBTQIA+, très engagées.

Je ne ressens aucune tristesse. Je suis au contraire extrêmement fière du chemin parcouru en si peu de temps.

Pendant que l'équipe de *66 minutes* rejoint la métropole, je quitte à regret ma petite May. Nous pleurons toutes les deux comme si nous n'allions jamais nous revoir. Au moment de nous dire au revoir, nous nous promettons justement de nous retrouver, certainement dans son pays, parce qu'il sera plus facile pour moi de me rendre au Myanmar que pour elle de venir à La Réunion, ou en métropole, même si l'évocation de Paris, de la tour Eiffel et des Champs-Élysées emplit ses yeux de paillettes. En attendant de nous revoir, nous échangeons nos adresses e-mail, nos comptes Instagram et Facebook pour suivre nos actions, chacune dans nos pays. Je quitte May, triste de laisser une petite sœur rentrer dans un pays dont j'ignore à peu près tout, et en même temps très heureuse d'être la première Française à avoir atteint ce niveau dans ce concours. Surtout, je rentre à La Réunion, convaincue que je ne suis pas faite pour les concours de beauté et que si ma place est bien sur scène, c'est dans la musique que je dois persévérer. Mon trophée de Miss Talent Show 2020 me confirme que c'est avec ma voix et mes textes engagés que je porterai au mieux la parole de la communauté, que je m'épanouirai, et que je bâtirai ma carrière. J'arrive à Saint-Denis quelques jours avant la diffusion du reportage de *66 minutes*, que nous regardons en famille ce dimanche… Ce même dimanche d'élection municipale qui enregistre un taux de participation exceptionnellement bas, les électeurs ayant déserté les urnes par peur de la Covid-19 qui sévit partout dans le monde depuis quelques semaines… Ce même dimanche qui signe l'avant-dernier jour de liberté avant longtemps. À partir de mardi, nous sommes tous confinés dans nos maisons pour un temps déterminé, renouvelable autant que la situation l'exigera, nous devons justifier nos maigres sorties…

Je goûte ma joie d'avoir retrouvé ma maison, de pouvoir profiter du jardin, et adresse une pensée émue à Miss International Queen 2020 qui, dans ce contexte sanitaire mondial, ne profitera jamais de l'appartement qui lui est réservé pour un an à Phuket, et n'aura pas l'occasion de parcourir le monde pour porter son message.

De mon côté, j'ai tout le temps du confinement pour écrire de nouveaux textes, songer à de nouveaux spectacles, et envisager sérieusement de me consacrer pleinement à ma carrière.

10

Jean-Luc

Fichue crise sanitaire.

Heureusement que j'ai pu rentrer de Thaïlande, car d'ici quelques jours, les Français seront tous confinés ! Ce dimanche 15 mars, j'espère que tous les foyers de La Réunion et de la métropole sont devant leur télévision pour regarder le reportage réalisé pour *66 minutes*. Je compte énormément sur cette visibilité, à une heure de grande écoute, sur une chaîne nationale, pour me faire connaître, et mettre en lumière les femmes transgenres.

Malheureusement, je sais aussi que deux sujets au moins peuvent me voler la vedette.

Les élections municipales.

Le coronavirus.

Et ça ne loupe pas.

Entre l'attente de la décision du gouvernement de confiner ou non le pays et les Français qui ont tellement déserté les urnes que dans certaines villes, le second tour sera organisé plus tard, quand la crise sanitaire sera terminée, le combat LGBTQIA+ passe à l'arrière-plan.

En tant que première femme transgenre française à remporter le concours de talents de Miss International Queen, je suis tout de même contactée par le comité Miss Trans France, qui me propose d'être la maîtresse de cérémonie du concours organisé à Paris en octobre 2020. Concours de beauté inclusif et militant, Miss Trans France s'inscrit dans une démarche active de représentativité et de reconnaissance des femmes transgenres françaises. À travers cette élection, le comité organisateur entend lutter contre les discriminations et la transphobie. Chaque année, une femme transgenre française est donc sacrée Miss Trans France et devient, grâce à son titre, porte-parole de la communauté LGBTQIA+. Le comité et toute la communauté LGBTQIA+ ont en effet la conviction que reconnaître les femmes transgenres dans la société permet de réduire considérablement les discriminations envers cette population et de lutter contre la transphobie. Et je partage pleinement ces idées et ces objectifs. Alors j'accepte bien volontiers.

Mais cette année 2020, pareille à aucune autre, laisse en chacun de nous une légère amertume, un goût d'inachevé, tant les projets qui ont été envisagés sont bousculés, reportés, annulés. Je profite de ce printemps 2020 confiné pour travailler mes textes, imaginer des vidéoclips, créer des chorégraphies… en attendant avec impatience l'arrivée de 2021 comme du Messie ! L'espace aérien est fermé de nombreuses semaines. Impossible de me rendre en métropole pour présenter mes projets. C'est donc sans aucune surprise, alors que la France est confinée pour la seconde fois à l'automne 2020, et que l'élection de Miss Trans France 2020 est annulée. L'écharpe revient à Aëla Chanel, première dauphine de Miss Trans France 2019, simplement parce que la communauté ne peut pas se passer d'une porte-parole et que cette très jolie rousse, diplômée d'un double master en marketing de luxe, représente parfaitement la féminité et la grâce.

Je ne suis pas déçue, je suis convaincue que d'autres occasions se présenteront et qu'il faut donc laisser cette année 2020 si particulière se terminer.

Et comme je m'y attendais, l'année 2021 est riche.

Riche de projets.

Riche de rencontres.

Riche de voyages.

Cette période de confinement m'a donné l'occasion de regarder beaucoup de vidéos et courts-métrages et je suis tombée sur un court-métrage réalisé à La Réunion par Florian Cioffi[1]. Dans ce film dont le réalisateur suit la trace d'un homme parti faire le tour de l'île à pied, j'ai été saisie par la lumière, la qualité de la photographie, la mise en scène grandiose des paysages. J'ai aimé le regard qu'il pose à la fois sur cette nature luxuriante, et sur les hommes et femmes qu'il rencontre. J'ai été subjuguée par ce qui se dégage de douceur et d'humanité des visages des personnes filmées. J'ai été séduite.

Au printemps 2021, je rencontre Florian par hasard à la Cité des arts où il réalise des images pour un concert, et où je suis de passage. Je lui dis tout le bien que je pense de son travail et lui propose de réaliser le clip de mon prochain opus *Le Dard en mouv* dont la sortie est prévue pour la fête de la musique, ce qu'il accepte.

Ce clip est le parfait reflet de ce que j'avais idéalisé pour ce titre : un court-métrage ambiance années 1950, dans lequel on me croirait en Louisiane. Les images sont hautes en couleur, le clip est rythmé, les décors sont soignés, de quoi conférer à ce clip un esthétisme très professionnel. Satisfaits de notre collaboration, nous décidons, Florian et moi, de rester en contact, car je le sais, d'autres projets se profilent, d'autres aventures m'attendent.

---

1. *Spirit of Nature*, réalisé par Florian Ciotti à La Réunion

Le coup de pouce du destin arrive un matin de septembre 2021. Jean-Luc Romero est de passage à La Réunion. Je le connais pour son engagement dans la lutte contre le sida et pour son combat en faveur de la légalisation sur l'euthanasie, et lui me connaît pour mes différentes actions pour la défense des droits de la communauté LGBTQIA+. Mais nous ne nous sommes jamais rencontrés. Pourtant, il s'en est fallu de peu ! En effet, il est membre du jury de Miss International Queen, mais en 2020, l'année de ma participation, il a été retenu en métropole pour les élections municipales. La semaine où Jean-Luc Romero est présent à La Réunion pour présenter son dernier ouvrage sur la fin de vie[1], je fais moi-même la une de *Femme magazine*. Mon visage est partout en photo sur les kiosques de la ville, difficile de ne pas me voir. Surtout, à chaque fois que je m'exprime dans les médias, je parle pour la communauté LGBTQIA+. Depuis ma participation au concours Miss International Queen de 2020, je suis la marraine de l'association OriZon[2], qui défend les droits LGBTQIA+. Jean-Luc Romero entend donc parler de moi au sein de l'association qu'il rencontre. On lui raconte mon engagement, mes interventions dans les lycées, les journées d'action

1. *Plus vivant que jamais ! Comment survivre à l'inacceptable*, Paris, Michalon, 2020.

2. Association : www.orizonlgbt.re.

auxquelles je participe, comme Idahot, la journée internationale contre l'homophobie, la transphobie et la biphobie qui se tient chaque année le 17 mai, et notamment ma prochaine participation au festival LGBTQIA+ organisé à La Réunion, « Parey, pas parey », qui se tient quelques jours, plus tard, le 25 septembre 2021.

Nous nous rencontrons donc. Parce que Jean-Luc est à La Réunion, et que je suis rarement en métropole actuellement. Nous nous rencontrons parce que les planètes s'alignent et que nous avons tant à nous dire de nos combats et de nos espoirs. Et quand je dis « nous nous rencontrons », je parle d'une vraie rencontre.

Une rencontre décisive.

Une rencontre marquante.

Une rencontre telle que je sais qu'il y a un avant et un après.

Je rencontre un homme digne, sincère, lumineux.

Je rencontre un homme qui a supporté les pires infamies.

Je rencontre un homme qui a su muer ses combats en une force incroyable.

Je rencontre un homme qui parle si peu fort que l'on écoute ce qu'il dit avec une attention particulière, parce que l'on sait que rien n'est dit au hasard, que chaque mot est pesé, ressenti.

Je rencontre un homme qui a lui aussi mené des batailles, contre lui-même d'abord, contre la société ensuite.

Je rencontre un homme dont j'ai tant à apprendre.

Et, en dépit de notre génération d'écart, de nos manières différentes de parler des causes qui nous animent, nous nous retrouvons sur bien des sujets.

La tolérance.

Notre sens de l'engagement.

Notre foi en l'âme humaine.

Nous sommes tous deux convaincus que nous avons cette faculté de porter la voix des autres et qu'il nous appartient de ce fait de nous en saisir. Ensemble, nous échangeons sur nos projets respectifs, la façon qu'a chacun de nous de se faire entendre, lui à travers la politique et moi à travers la musique, convaincus tous deux que tous les chemins sont bons et justes dès lors que le message est entendu.

Je présente à Jean-Luc mes projets. À cette période, je suis membre du jury d'un appel à projets lancé par Canal + Réunion sur le thème de la diversité et de l'inclusion. Le jury composé de plusieurs représentants du monde audiovisuel et d'artistes engagés dans des actions en faveur de la communauté LGBTQIA+ doit choisir différents projets artistiques qui, selon lui, représentent cet engagement, prônent la diversité et militent pour l'inclusion. Une enveloppe de 100 000 euros est répartie entre les différents lauréats, dont le Coup de cœur du jury, qui remporte une enveloppe un peu plus importante. Canal + Réunion m'a contactée en août pour rejoindre ce jury et j'ai alors fait la rencontre de Samantha, directrice régionale de la chaîne qui, à ce moment-là, m'a expliqué que Canal + Réunion aimerait vraiment développer un projet sur les questions LGBTQIA+. Nous convenons donc de nous rencontrer en octobre, lorsque Valérie, la directrice de la communication sera rentrée de congé de maternité pour brainstormer sur ce sujet.

Je parle aussi à Jean-Luc de la musique, des comédies musicales que j'ai créées, de mes derniers titres. Et bien sûr, de mon titre de Miss Talent Show gagné l'année d'avant au concours de Miss International Queen.

Jean-Luc Romero qui a autant l'oreille des hommes et femmes politiques que celle des people, voit en moi l'étendard, la porte-parole, la voix qui peut justement porter celle de toute une communauté dont les droits sont régulièrement bafoués.

Je lui explique combien je rêve de ce jour où nous n'aurons plus rien à défendre simplement parce que nous aurons vaincu toutes les discriminations.

Ce jour où les femmes et hommes transgenres seront simplement considérés comme des femmes et des hommes à part entière.

Ce jour où la sexualité des uns et des autres ne définira plus qui ils sont.

Ce jour où tous ces sujets seront d'une telle banalité que l'on n'en parlera plus.

Et Jean-Luc Romero me comprend, me rejoint, mais constate comme moi qu'il reste du chemin à faire et que tant qu'il y aura des hommes comme lui et des femmes comme moi pour porter l'étendard, alors nous le porterons fièrement. Il comprend que mon combat est sincère, ancré, légitime et qu'il y a, à la mairie de Paris, des tas de personnes qui seraient certainement très intéressées par mon combat. En effet, maire adjoint de la ville de Paris et conseiller régional d'Île-de-France, Jean-Luc Romero est très engagé dans les actions sociales et de lutte contre les discriminations. À ce titre, il considère d'abord que nous ne serons jamais trop nombreux à porter cette voix, et que si le comité Miss Trans France n'est pas en mesure d'organiser une élection cette année, il faudra néanmoins nommer une Miss, ne serait-ce que pour la visibilité et le soutien que cela apporte à la communauté. En ce sens, sans m'en dire un mot, il imagine très bien que moi, Louïz, je puisse être cette ambassadrice, notamment parce que mes engagements et actions sont connus, et parce que depuis des années mon énergie n'a pas faibli. Ma notoriété a toujours été mise au service de la cause d'abord, avec le secret espoir qu'un jour cette cause n'en soit plus une et n'ait plus besoin de mon image pour prouver sa légitimité.

Octobre 2021.

Ma notoriété n'est plus à faire sur l'île. Le clip tourné avec Florian est vu et revu des milliers de fois sur les réseaux sociaux et sur YouTube. Ma présence médiatique est importante à La Réunion, et il est grand temps qu'elle prenne de l'essor en métropole. Je prends quelques jours de congé et quitte le printemps réunionnais pour m'enfoncer dans l'automne parisien, avec la joie de revoir quelques amis, dont Florian, rentré en métropole depuis quelque temps, et l'excitation de tous ces projets et rencontres qui m'attendent à l'autre bout de mon monde. Mais je sais que quoi qu'il arrive, je serai de retour à La Réunion en novembre, pour mon rendez-vous avec Canal + Réunion.

Dans cette quinzaine parisienne, où je saute d'un taxi à l'autre, où j'enchaîne les rendez-vous, où je rencontre des labels de musique, où je donne des interviews, je prends tout de même le temps de rencontrer le comité Miss Trans France et différentes associations militantes afin d'échanger sur nos actions respectives. Puis sous l'impulsion de ce cher Jean-Luc Romero que j'ai laissé un mois plus tôt, je rencontre les membres de son cabinet et Livia, la présidente de Miss Trans France.

J'ignore quelles ont été les discussions entre élus après mon départ.

J'ignore ce qu'ils ont pensé de moi, de ma musique, de mes projets.

J'ignore si les connexions que peuvent avoir le comité Miss Trans France et la Ville de Paris sont si établies.

Je ne sais rien de ce microcosme.

Je débarque de mon île avec pour seule ambition me faire connaître et asseoir ma notoriété en métropole. Dans quelques jours, je quitterai la pluie parisienne pour retrouver le soleil de mon île et je suis à mille lieues d'imaginer que le destin va une nouvelle fois se charger de mon cas.

En 2021, la crise sanitaire a encore une fois raison de la volonté des organisateurs de l'élection Miss Trans France. Faute de moyens, il leur est impossible d'organiser un show à la hauteur de leur souhait. Alors, il est décidé pour cette année encore de remettre le titre à une personne emblématique de la lutte contre les discriminations envers la communauté LGBTQIA+, et fermement engagée dans des actions de communication et de prévention. Il faut croire que mon bref passage au comité a été très remarqué, car le titre honorifique m'est proposé et je l'accepte bien volontiers, parfaitement convaincue qu'il peut légitimer et valoriser les actions en faveur de la communauté LGBTQIA+. Je connais ma capacité à défendre la cause, à en parler, y compris devant des élus importants ou des personnalités. Je suis habituée aux médias. Je sais aussi que ma notoriété sera un vrai faire-valoir et, quitte à m'en servir, autant que ce soit pour toutes ces femmes transgenres qui n'ont pas ma visibilité.

Miss Trans France 2021.

J'accepte de relever ce défi.

J'accepte un an d'engagement en faveur de la communauté.

J'accepte qu'à travers mon image, la communauté transidentitaire de mon pays soit représentée.

Je reçois ce titre honorifique comme un cadeau en forme de porte-voix, et je me sens parfaitement légitime à porter cette couronne et cette écharpe durant un an car, spontanément, je le sais, je ne me serais pas présentée à l'élection si elle avait eu lieu. Je garde en mémoire la très belle expérience de Miss International Queen et me souviens qu'en quittant Pattaya en mars 2020, je me suis dit que mon avenir était certes sur scène, mais dans la musique, pas dans les concours de beauté, même si cette expérience a été extrêmement enrichissante. Le fait de remporter le Talent Show m'a confirmé ma légitimité dans une carrière de chanteuse, bien plus que je n'ai été à l'aise dans l'art de défiler, de passer du maillot de bain à la robe de bal. Bref, le concours de beauté a été une expérience grisante et savoureuse, mais je sais très bien que ma place n'est pas là.

Cette couronne est donc un cadeau de l'univers ! Les planètes s'alignent enfin, après tant d'années de travail sur moi, la femme que je suis est reconnue.

La remise du titre doit se dérouler dans un petit salon de l'hôtel de ville de Paris, en présence de quelques médias. Mais c'est une nouvelle fois sans compter sur l'alignement planétaire du moment, et surtout sur ma rencontre quelques jours après cette annonce avec le président du Grand Bal des fiertés, auquel je n'assisterai pas, puisque je serai déjà de retour à La Réunion.

Pour la seconde édition de cet événement festif et caritatif organisé par l'association MAG[1] au profit de la communauté LGBTQIA+ en France, pas moins de 1 200 personnalités ont été invitées : des députés, des ministres, des chefs d'entreprise, des personnalités du show-business… tout le gratin parisien sera, le 30 octobre, dans les immenses salons de l'hôtel de ville. L'événement est précédé d'un dîner de gala, préparé par le non moins renommé Thierry

1. MAG Jeunes LGBT+ est une association fondée en 1985 par et pour les jeunes LGBTQIA + âgés de 15 à 30 ans. www.mag-jeunes.org.

Marx, qui permettra de récolter des fonds pour cette association organisant des formations et des actions de soutien en faveur des jeunes de la communauté LGBTQIA+.

Pour le président, ça ne fait aucun doute.

Non seulement j'incarne parfaitement cette nouvelle Miss Trans France 2021, mais surtout, puisqu'aucune élection n'est organisée, ce titre mérite d'être décerné sur scène, devant un parterre de célébrités qui seront d'excellents relais de mon plaidoyer, donc au milieu du dîner de gala précédant le Grand Bal des fiertés.

En quelques secondes, me voilà passée d'une remise d'écharpe en catimini au siège du comité en présence de quelques médias à une remise de couronne en grande pompe et grande tenue, devant tout ce que Paris comporte de célébrités et de journalistes.

Surtout, me voilà contrainte de prolonger mes congés de quelques jours, de vérifier que j'ai une tenue appropriée à l'événement et de me préparer psychologiquement à ce couronnement certes symbolique, mais extrêmement important. Et au passage, je décale mon rendez-vous avec Canal + Réunion au 4 décembre simplement parce que je ne serai pas rentrée pour la date initialement fixée.

Ce soir du 30 octobre 2021, le grand salon de l'Hôtel de Ville déborde de célébrités. Là, installés à des tables parées de jolies nappes et de vaisselle luxueuse, les convives en tenue d'apparat devisent, j'assiste en spectatrice à mon propre couronnement. J'ai choisi pour l'occasion une combinaison fuchsia, vaporeuse et décolletée, de la maison de couture Métamorphose, et de très hauts talons à semelles rouges, très élégants, prêtés par cette immense marque. J'ai eu droit à une mise en beauté au Studio Alaé, dont le coiffeur a su dompter ma crinière frisée dans un élégant chignon qui devra dans quelques heures supporter ma couronne.

Je n'ai aucun souvenir du dîner.

Je ne sais plus ce que j'ai mangé.

Je ne sais plus qui était assis à ma table.

Je ne sais plus quels ont été les sujets de conversation.

J'ai vécu ce moment en lévitation, comme si j'étais dissociée de mon propre corps, juste spectatrice.

Et puis, est venu l'instant du couronnement.

Entre deux plats, la musique s'est tue, les organisateurs du dîner de gala sont montés sur scène, j'ai été accompagnée dans les coulisses, entourée de Livia, la présidente du comité Miss Trans France, d'Aëla Chanel, Miss Trans France 2020, et de Jean-Luc Romero. J'y ai également croisé Mme Élisabeth

Moreno, alors ministre déléguée chargée de l'Égalité entre les femmes et les hommes, à la Diversité et à l'Égalité des chances.

Je suis là, dans les coulisses, à attendre l'heure de monter sur scène et des tas de pensées envahissent mon esprit. Dans quelques minutes, on me remettra cette couronne et cette écharpe, qui viennent saluer des années d'engagement pour les droits LGBTQIA+. Et mes pensées s'emmêlent, envahissent mon esprit.

Notre case en bois sous taule à La Réunion qui a vu mes premiers pas.

Ma mère, qui n'est pas là ce soir, et je le regrette tant, qui a toujours vu simplement en moi son enfant dont elle a accompagné le chemin.

Mes sœurs qui sont si fières de la femme que je suis.

La Rihanna plus vraie que nature que j'incarnais pour ce Nouvel An 2009.

Au pied de cette scène, je mesure le chemin parcouru. Je mesure les années de doute, de questionnements, et les affres par lesquels il faut passer pour vivre une transition.

Et je me dis que ce qui est en train de se passer, ce que je suis en train de vivre, est complètement incroyable, surnaturel, inimaginable il y a quelques jours encore. Surtout, je comprends à cet instant précis que c'est cette histoire, mon histoire, dont

Canal + Réunion a besoin. Plutôt que passer des heures à brainstormer sur ce que pourrait être ce projet, je vais leur raconter en quelques secondes, par le biais d'un mini-teaser filmé, ce qu'a été mon chemin, ma transition et quelle est ma vie désormais. Je vois déjà les cadrages, les images, les couleurs. Et je vois même mon cher Florian me suivre partout, caméra au poing, pour réaliser ce projet.

« Pour son engagement en faveur des luttes contre les discriminations faites à la communauté LGBTQIA +, Mesdames et Messieurs, veuillez accueillir Miss Trans France 2021 : Louïz ! »

Ces mots résonnent encore.

Buste droit.

Démarche assurée.

Tête haute.

Je suis montée sur cette scène et suis entrée dans la lumière, sous un tonnerre d'applaudissements.

Je me suis sentie comme un papillon déployant enfin ses ailes colorées après des jours d'enfermement dans sa chrysalide.

Aëla Chanel, Miss Trans France 2020, me pose la lourde couronne sur la tête, tandis que Jean-Luc Romero passe l'écharpe de satin sur mon épaule droite. À cet instant précis, je suis extrêmement fière d'être une Miss France qui n'a pas été uniquement choisie pour sa plastique, mais surtout pour ses engagements.

Ce discours, je l'ai longuement et soigneusement préparé. Car il n'est pas question de faire de cette soirée une arme de revendication massive. Je compte au contraire apporter un autre mode de réflexion sur la question de la transidentité, proposer une autre façon de voir les choses, et mettre en avant la visibilité positive. Pour autant, je n'ai rien contre les personnes qui revendiquent haut et fort, qui font de cette question un combat, je les respecte. Mais personnellement, je considère que combattre revient à affronter des gens et opposer des points de vue. Or, je prône simplement le droit de vivre ensemble, et c'est ce qui doit transparaître dans cette brève allocution.

Mon discours commence par un bref hommage à un jeune homme transgenre qui, quelques semaines plus tôt, sous le poids des discriminations dont il était victime au lycée, n'a pas trouvé d'autre solution que mettre fin à ses jours. Et j'ai été profondément choquée. Car, malheureusement, ce cas est loin d'être isolé, tout comme ces cas de jeunes femmes et jeunes hommes transgenres exclus de leur famille pour le simple fait d'être nés dans le mauvais corps et vouloir juste être eux-mêmes. Pourtant, si je suis bien convaincue d'une chose, c'est que le fait que je sois une femme transgenre ne change rien à la vie des autres. Ça ne leur enlève rien, ça ne leur donne rien de plus non plus. Ça ne regarde que moi. Cela ne fait pas de moi une personne moins respectable, moins appréciable, moins aimable. Cela fait juste de moi qui je suis.

Ma carrière artistique me permet justement de véhiculer une image positive de la transidentité, sans grossir le trait, sans fausser les représentations. On peut être une personne transgenre, réussir dans la vie, vivre de sa passion et être heureuse. Finalement, le public qui aime mon travail ne me juge pas sur le fait que je suis une personne transgenre, mais sur la qualité de ma musique, le poids de mes textes et ce qu'ils disent de moi dans cette société, dont je veux croire qu'elle peut largement dépasser ces clivages, ces tabous, ces mythes.

Ce titre de Miss Trans France, je l'emploierai donc à déconstruire ces représentations, sans chercher à convaincre, sans faire de propagande, juste en montrant que vivre ensemble est possible, en démontrant qu'il y a de la place pour chacun dans cette société, et que nous sommes tous libres d'être qui nous sommes, dès lors que nous ne portons préjudice à personne.

Les quelques minutes qui me sont données pour m'exprimer, Élisabeth Moreno est touchée par mon discours. Elle me le dit à ma descente de scène. Elle me salue, me remercie pour mon engagement, me félicite pour ce titre qu'elle considère comme amplement mérité et propose que nous nous rencontrions dans quelques jours, au ministère. En ce frais début novembre, ma première sortie officielle de Miss Trans France m'emmène donc à l'hôtel du Petit-Monaco, situé entre les Invalides et l'Assemblée nationale, qui abrite madame la ministre, déléguée auprès de Jean Castex, alors Premier ministre, chargée de l'Égalité entre les femmes et les hommes, de la Diversité et de l'Égalité des chances. Ensemble nous échangeons sur la diversité, les projets inclusifs, les moyens de lutter contre l'homophobie et la transphobie.

Elle est touchée par mon discours.

Je suis touchée par son écoute sincère.

Les rencontres très médiatisées s'enchaînent puisque quelques jours plus tard, je suis également reçue à l'Assemblée nationale, par Karine Lebon, députée de La Réunion. Elle me remet symboliquement la médaille de l'Assemblée nationale, qui n'est pas une décoration officielle. Cependant, ce cadeau me touche, car il marque la reconnaissance de l'État pour mon engagement, et ça n'est pas rien !

À l'heure de rentrer à La Réunion retrouver ma famille, mes amis, ma chère maman, auréolée de ce titre de Miss Trans France qui m'est tombé dessus presque par hasard et que je n'imaginais même pas recevoir un mois plus tôt, je suis fière.

Fière du chemin parcouru.

Fière d'avoir cru en moi.

Fière de la cause que je porte avec véhémence.

Fière d'être la femme que je suis.

Et puis, je ne peux m'empêcher de penser que je suis également très fière d'être la seconde Miss France réunionnaise, après Valérie Bègue, élue Miss France 2008. D'ailleurs, je me souviens du comité d'accueil qui l'attendait à l'aéroport de Saint-Denis à son retour à La Réunion et m'étais demandé à l'époque ce que cela pouvait faire… Je vais vite le savoir, car le conte de fées ne fait que commencer.

11

Florian

Le retour à La Réunion en ce début novembre 2021 me fait l'effet d'une vague d'amour et de reconnaissance. Bien que je ne l'imaginais pas, un comité d'accueil m'attend à l'aéroport, je suis invitée par les deux journaux télévisés de La Réunion, je sens que la machine est en marche, et qu'elle s'emballe, même ! Mais j'ai tout fait pour ça, alors je joue le jeu. J'accepte toutes les interviews pour parler de la communauté LGBTQIA+, mais aussi de mes projets. Je sens à ce moment-là le poids du porte-voix que je suis avec fierté.

Ma plus belle revanche à mon retour sur l'île est cette invitation d'Ericka Bareigts, maire de Saint-Denis, députée jusqu'en 2020, mais secrétaire d'État chargée de l'Égalité réelle avant d'être nommée en 2016, par François Hollande, alors président de la République, ministre des Outremers. Je sais l'engagement de cette femme pour l'égalité des droits, l'égalité des chances, l'égalité des hommes et des femmes, l'égalité des communautés, quelles qu'elles soient. Aussi, être reçue à l'hôtel de ville est un véritable honneur. Ma chère maman qui m'accompagne est félicitée pour le soutien qu'elle m'a apporté et m'apporte encore, pour avoir cru en moi et m'avoir encouragée à chaque étape de ma vie. Ces remerciements sortis de la bouche de cette femme politique influente sur l'île ont le goût de miel, tant pour moi que pour ma mère. Ma chère maman, elle, n'a pas le sentiment d'avoir fait quoi que ce soit d'extraordinaire. Elle m'a simplement élevée et acceptée comme je suis. Elle m'aime pour qui je suis et peu importe finalement cette transition qui n'a rien changé pour elle, qui m'a simplement révélée, c'est aussi simple que ça !

Pourtant, nous le savons, de nombreux parents ne trouvent ni les mots ni la force, et autant de jeunes souffrent de leur isolement face à leur situation. Alors quoi qu'elle en pense, ma mère est un exemple à suivre et c'est exactement ce que dit Ericka Bareigts. Je trouve cette attitude juste, car sans ma mère et son soutien sans faille, je ne serais pas là aujourd'hui, à recevoir la médaille de la ville.

Là, dans ce bâtiment datant de la fin du XIXe siècle, à la façade jaune surmontée d'un clocheton gris portant fièrement le drapeau français, j'ai une pensée émue pour mon cher papa. Lui qui a servi la ville durant trente ans n'a jamais eu l'occasion de fouler le parquet de cette bâtisse somptueuse, aux tapis épais et parquets précieux. Par l'une des immenses fenêtres, je regarde la colonne des Victoires trônant sur la place, avec aplomb et fierté, car je suis à ma place et personne ne me l'enlèvera.

Un mois.

Il me reste un mois pour finaliser le teaser que je présenterai le 4 décembre 2021 à Canal + Réunion. Depuis l'élection de Miss Trans France, j'ai contacté Florian. Je lui ai raconté par le menu le projet, tel que je le vois, tel que je l'imagine. Comme moi, il est d'accord sur le fait que 40 secondes de film valent bien mieux qu'un grand discours ou des heures de réflexion. J'ai une certitude : ce que le film que je compte réaliser doit raconter, c'est ma transformation. Que dis-je, ma révolution. J'ai en mémoire les images qui ont défilé dans ma tête avant que mon nom, suivi du titre Miss Trans France, résonne dans la salle.

Raconter qui j'étais et qui je suis devenue.

Montrer ma vie à travers les yeux de mes proches.

Mettre des mots et des images sur cette révolution.

Briser les tabous de la transidentité et me montrer telle que je suis.

Voilà ce que les images de Florian devront laisser percevoir en 40 secondes de teaser, pour que Canal + approuve le projet et nous confie un financement. Et déjà, je prépare Florian à la suite : si mon projet convainc l'équipe de Canal +, il faudra qu'il se prépare à me suivre partout, nous n'allons plus nous quitter. En quelques jours, des images sont assemblées, montées, ma voix off est posée sur le film. Ensemble, nous écrivons le script, choisissons quels seront mes proches interviewés pour l'occasion, établissons la trame de l'histoire que nous allons raconter. D'abord, Florian assemble les images dont il dispose déjà, tandis que j'écris le texte que je lirai en voix off.

40 secondes.

C'est peu et tellement à la fois.

Peu, car on aimerait montrer tant de plans incroyables.

Tellement, car il faut faire les bons choix.

Peu de temps pour convaincre.

Tellement de temps pour lasser.

Peu de place pour l'histoire.

Tellement de choses à raconter.

Et, sans que l'équipe Canal + Réunion s'y attende, je débarque au rendez-vous, pleine d'assurance, avec 40 secondes pour les convaincre.

« Louïz, de l'évolution à la Révolution ».

C'est avec ce petit morceau de moi que je me présente le 4 décembre 2021 chez Canal + Réunion, pleine d'assurance. Ce que je présente est en réalité la vitrine d'un documentaire de plus d'une heure, que je veux très esthétique. Le teaser est monté comme une bande-annonce d'un film à gros budget. Je veux qu'il montre à la fois qui je suis, sans trop dévoiler d'où je viens et quel a été le parcours. Le choix des images et des enchaînements est subtil et accordé sur ma voix en off. On comprend que la révolution dont je parle est à la fois personnelle, physique, artistique. Mon message consiste à dire que peu importe finalement d'où l'on vient, la réussite nécessite d'abord et avant tout de croire en soi.

40 secondes.

J'ai 40 secondes pour convaincre, après des semaines de montage, d'hésitations, d'enregistrement, de changements.

Finalement, me voilà devant la directrice du projet qui rentre de congé de maternité, et à laquelle il appartient désormais de dire oui ou non. Elle est emballée, séduite, curieuse d'en savoir et d'en voir plus. Elle est convaincue par le teaser, et certaine que le film *Louïz, de l'évolution à la [r]évolution* tiendra ses promesses et s'inscrira parfaitement dans le souhait de la direction de faire de l'inclusion un axe fort de sa programmation à venir. Florian peut préparer ses bagages : nous avons désormais un an pour préparer ce film. En quelques heures, mon cher Florian devient mon double, mon *alter ego*, ma moitié. À partir de maintenant, Florian me filmera partout, dans tous mes déplacements, sur tous les plateaux de télévision où je serai invitée, sur tous les shootings photo et toutes les scènes que j'arpenterai. Il me filmera dans mon quotidien, dans mes répétitions, sur scène, car un film, ça ne s'improvise pas, ça se construit.

Je sais que nous allons devoir passer beaucoup de temps ensemble et, à l'heure où je me prépare à rejoindre Barcelone pour le concours Miss Trans Star International, ça n'est pas pour me déplaire.

Je ne suis pas une grande amatrice des concours de beauté, mais celui-ci est dans le package, livré avec la couronne de Miss Trans France. Je n'ai donc pas d'autre choix que de partir en Espagne représenter fièrement mon pays. Et pour l'occasion, je dois notamment prévoir la tenue d'ouverture avec laquelle je compte représenter la France. Je dois faire preuve d'imagination et innover. Pas question de remonter sur scène dans une robe de Marianne, ou parée de bleu, blanc, rouge. Je réfléchis à ce qui symbolise à la fois la France et la féminité. Il me faut une tenue glamour, sexy, mais qui représente aussi la force, la détermination. Et j'avoue que dans ce créneau, les cabarets français sont très forts. Plus que les plumes et les strass, je recherche vraiment une tenue emblématique, autre que celle du French cancan connu à travers le monde. Encore une fois, mon rêve va rejoindre la réalité avant même que j'aie eu le temps de me torturer les méninges.

Il s'avère qu'à ce moment-là de ma vie, l'ami d'un proche est le petit ami d'une jeune femme salariée du Crazy Horse de Paris. Depuis toujours, je suis attirée par le monde du spectacle et des revues parisiennes. Je trouve que cette manière de présenter les femmes est non seulement très esthétique, mais également puissante. Au Crazy Horse particulièrement ! D'abord parce qu'il faut être une sacrée danseuse pour y entrer. Ensuite parce que les costumes sont souvent signés de grands couturiers. Et puis parce que les chorégraphies y sont spectaculaires et soignées. Le truc le plus fou serait que le Crazy Horse me prête une des tenues portées à l'ouverture du show, cette tenue de garde anglais. Répondant à ma demande, mon ami me met en relation avec Lucie qui, sans être surprise de mon appel, y voit vraiment un coup du destin. « C'est drôle, justement, nous regardions ton profil Instagram la semaine dernière », me dit-elle ! Aussitôt, rendez-vous est pris en métropole, car l'équipe du Crazy Horse accueille très favorablement ma proposition.

Le Crazy Horse, c'est d'abord un show, *Totally Crazy*[1]. Les tableaux se succèdent sur un rythme effréné, retraçant plus de soixante-dix ans d'histoire de cette institution parisienne en 90 minutes. Les danseuses quasiment dénudées, mais savamment habillées de lumières, virevoltent sur scène avec une légèreté époustouflante. Je les regarde se cambrer dans des cerceaux fluorescents, jouer un subtil cache-cache avec un rideau de chaîne, se déhancher dans des volutes de fumée transpercées de lasers, ou encore parées de perruques arc-en-ciel pour un final explosif. Le spectacle est époustouflant, d'une qualité incroyable et, moi qui suis danseuse, je mesure la précision avec laquelle ces femmes évoluent sur scène dans une synchronicité exemplaire. Habillées par Chantal Thomass, Karl Lagerfeld, Paco Rabanne, Jean-Claude Jitrois ou encore Jean-Paul Gautier et tout ce que le pavé parisien a de plus talentueux créateurs à offrir, chaussées par Christian Louboutin, les danseuses du Crazy Horse offrent un voyage subtil, d'une sensualité inégalable et jamais vulgaire. En assistant à ce spectacle, je prends pleinement la mesure de la place que prennent les femmes dans cette revue. Elles sont splendides, meneuses, chefs d'orchestre

1. *Totally Crazy* : nom de la revue créée par le Crazy Horse en 2017.

et emmènent le spectateur exactement là où elles le souhaitent. Ce qui rend les femmes du Crazy Horse belles, ce n'est pas tant leur beauté plastique que l'incarnation de leur sensualité, de leur force, de leur impertinence. Je suis complètement sous le charme, subjuguée par tant de grâce et de modernité dans cette manière de mettre les femmes en scène.

Évidemment, je ne rate pas une miette du tableau d'ouverture « God Save our Bareskin », créé en 1989, cet incontournable tableau revient sur le devant de la scène en 2017. Quand l'armée féminine de gardes anglais entre sur scène, je scrute chaque détail du costume et de la démarche, qu'un authentique officier de la Bristish Royal Guard est venu à Paris, apprendre aux danseuses. Évidemment, le costume est incroyable.

Les bottes lacées arrivant à mi-mollet.

Les bas noirs tendus sur les cuisses fuselées.

Le porte-jarretelles en forme de livre sterling.

La ceinture blanche marquant la taille.

Le plumet blanc savamment ajusté, qui masque le string.

La veste dont il ne reste que la patte de boutonnage, le col et les épaulettes.

Les manchettes rouge et noir symbolisant la rigueur de l'ordre militaire.

Le haut casque en fausse peau d'ours et la fameuse chaîne passant sur le menton.

La musique de défilé militaire sur laquelle les danseuses scandent leur pas saccadé est très joyeuse et tranche nettement avec la rigueur imposée par le costume et la démarche à adopter. Pour un peu, on croirait entendre la musique des majorettes à la fête foraine.

C'est précisément ce contraste qu'il me plaît aussi de montrer : une certaine forme de légèreté associée à la droiture et la rigueur, cette ambivalence et cette subtilité présente en chaque femme, qui sait passer en un instant de la douceur au caractère de lionne. Évidemment, le costume sera adapté de sorte que je ne sois pas dénudée comme le sont les danseuses, ça n'est pas le but. L'objectif est simplement d'associer ma personnalité, ma singularité à l'image de cette excellence à la française que nombre de pays nous envient, à la puissance qui se dégage de ce show hors du commun, aussi esthétique que burlesque.

Ma rencontre avec l'équipe artistique ne trahit pas ma première impression. Pour le Crazy Horse, il est évident que faire porter cette tenue emblématique du cabaret parisien à une femme qui concourt pour le titre de Miss Trans Star International est également très symbolique. C'est aussi une manière d'affirmer son attachement à la diversité, à l'inclusion, à la femme plurielle. Ce cabaret qui a accueilli sur scène des muses aussi étonnantes que la burlesque Dita Von Teese, la féline Pamela Anderson ou la détonante Conchita Wurst ne peut qu'accepter de sublimer une femme transgenre et l'assumer pleinement.

Il me reste donc à procéder à de nombreuses séances d'essayage et à apprendre la chorégraphie de sorte à adopter sur la scène de Barcelone la marche dont les gardes britanniques ont le secret.

On commence par me mesurer de long en large, et la moindre de mes mensurations est prise en compte. Car au Crazy Horse, rien n'est laissé au hasard. Le costume est ajusté au centimètre près et ce n'est pas parce que ce costume est fait de presque rien que l'enfiler ne requiert pas une certaine expertise ! J'apprends, dans les coulisses de la mythique scène, à ajuster précisément la ceinture qui doit passer sur le nombril, les grands gants sur lesquels reposent les fameuses manchettes, et sur lesquels aucun pli n'est toléré, puis les manchettes qui couvrent l'avant-bras et le poignet, mais ne doivent pas déborder davantage sur la main. Tout est millimétré, précis, ajusté. Pour l'occasion, le costume original est agrémenté d'un soutien-gorge balconnet rouge assorti à la patte qui supporte les fameux boutons dorés.

Lorsque je rencontre la directrice artistique adjointe qui me fera travailler la chorégraphie, parée de mon costume de scène, je sens son émotion. Devant le grand miroir de la salle de répétition, elle me dit sa fierté de voir ce costume emblématique porté par une femme comme moi, et elle n'imagine pas à quel point je suis moi aussi émue et fière de porter ces couleurs et de défendre la France dans ce costume.

Florian ne rate pas une miette des essayages, de nos conversations, des répétitions. Tout est filmé et gardé précieusement en mémoire. Il me voit, sur ce plancher, répéter pendant des heures ce pas mythique.

Glisser.

Lever.

Poser.

Les bottes qui m'enserrent les mollets gênent un peu le mouvement, mais je vais m'habituer.

Glisser.

Lever.

Poser.

À chaque pas, je me redresse et regarde fièrement devant moi.

Glisser.

Lever.

Poser.

Soigner la cambrure des reins, la tonicité du port de bras.

Glisser.

Lever.

Poser.

Je répète le mantra inlassablement au rythme des mains de ma répétitrice qui claquent pour me donner le tempo.

Glisser.

Lever.

Poser.

Ça y est !

Je le tiens, ce pas mécanique, cadencé, que je devrai accomplir parfaitement jusque sur le devant de la scène, avant de me retourner et de reprendre une marche légère, à la limite de la désinvolture, montrant encore deux facettes des femmes auxquelles j'aspire à rendre hommage.

13 février 2022.

Florian et moi atterrissons à Barcelone.

Je récupère l'imposante valise dans laquelle dort paisiblement le costume prêté par le Crazy Horse. La costumière a proposé que je l'appelle en visioconférence depuis la loge si toutefois j'avais des doutes sur la manière d'ajuster le col ou les manchettes. Dire que le Crazy Horse ne souffre aucune approximation, même pour 2 minutes 30 de défilé, est un euphémisme ! Et c'est aussi ce qui me rend si fière de rejoindre cette incroyable équipe pour quelques minutes de ma vie.

Je l'ai déjà exprimé, les concours de beauté ne sont pas ma tasse de thé. À l'inverse de Miss International Queen qui se déroulait sur deux semaines, celui-ci se déroule sur deux jours. Et l'ambiance qui règne dans les coulisses et sur la scène au cours des répétitions quelques heures après mon arrivée m'amène à penser que le temps va être long. Très long ! Je me demande sincèrement ce que je fais là, moi dont la carrière artistique commence et qui ai tant à dire en chanson et en danse. Je fais tache au milieu de toutes ces beautés auxquelles je ne ressemble pas.

Je toise 1,67 mètre et suis dépassée par ces femmes immenses.

À part ma poitrine, mon corps et mon visage sont ceux de ma naissance, rien n'a été retouché, alors que je fais face à des femmes plantureuses, aux sourires parfois artificiels et aux pommettes trop hautes pour être vraies.

Je ne les blâme ni ne les critique ! Au contraire, je suis très respectueuse du parcours de chacune. Je sais ce qu'être cette femme m'a coûté, je serais bien ingrate de leur reprocher quoi que ce soit : chacune fait ce qu'elle peut avec ce que la nature lui a offert. Mais je ne me reconnais pas dans ce parterre de jolies plantes. Surtout, j'ai trouvé une manière de communiquer par la scène qui me convient, et je n'ai pas besoin de faire étalage de ma beauté ou de mon corps pour faire entendre ma voix. C'est peut-être ce qui me différencie le plus de ces autres femmes venues défendre les couleurs de leur pays et la communauté transgenre mondiale.

Qu'à cela ne tienne, je concours pour la France et je suis déjà dans le coup d'après : le film que Florian et moi réalisons. C'est mon fil rouge, mon leitmotiv, ce qui forge ma motivation et ma détermination.

Ce qui finalement me bouleverse le plus dans ces deux jours, c'est la conférence internationale de la transidentité. Chaque candidate se présente et vient expliquer quel a été son parcours, dans le pays qui est le sien. J'écoute avec une grande attention les témoignages poignants de mes consœurs, redoutant presque le moment où je devrai simplement leur dire que moi, sur mon île, j'ai d'abord eu le soutien et l'amour des miens. Alors, bien sûr, changer de corps pour être simplement la femme que l'on est n'est pas une mince affaire à La Réunion, parce que peu de médecins sont bien informés et compétents, parce que les hôpitaux publics réunionnais ne proposent pas les soins adaptés et pris en charge, et qu'il faut donc les moyens pour y parvenir. Bien sûr, en France comme partout ailleurs, nous subissons la transphobie. Mais le fait est que devenir cette femme y est possible, légal, accompagné. Ça prend du temps, mais puisque ça n'est pas impossible, celle qui comme moi n'envisage pas sa vie autrement y parviendra sans trop de peine.

Je redoute ce moment parce que ce que j'entends dans cette conférence est d'une violence inouïe. Sur vingt-sept concurrentes, treize représentent un pays d'Amérique centrale ou d'Amérique du Sud, et six, un pays d'Asie. Je n'aurais jamais pensé que la condition des femmes transgenres soit si compliquée dans ces pays. Être une femme transgenre sur ces deux continents n'est pas une mince affaire. Quand on sait que l'Argentine a voté la dépénalisation de l'avortement, donc le droit pour les femmes de disposer librement de leur corps en 2020, on comprend que la réflexion sur la condition des femmes sur ce continent a de sérieux progrès à faire. Alors que dire de celle des femmes transgenres !

Natalia Falcon, la candidate du Brésil, rappelle que dans son pays, alors que le culte du corps n'est plus un secret, que les femmes s'exposent librement sur les plages, dans les cortèges des carnavals, les femmes transgenres font l'objet d'une espèce de chasse aux sorcières. En 2020, 175 homicides[1] de femmes transgenres ont été enregistrés, une violence accrue par les prises de position de Jair Bolsonaro, président alors en poste, élu grâce au soutien sans faille des églises évangéliques. Au Brésil, l'espérance de vie des femmes transgenre n'excède pas 35 ans, quand celle de l'ensemble de la population atteint 75 ans en moyenne. Dans ce contexte, je salue le courage de la brune Natalia Falcon de venir s'exprimer si librement, alors que dans son pays, elle est certainement persécutée, comme tant d'autres avant elle.

Et comme nous ne sommes pas à une utopie près, Sky Andrea, l'Américaine, nous explique comment dans certains États de son pays, qui se veut pourtant la première puissance au monde, a légiféré sur l'usage des toilettes. Ainsi, avant que le texte de loi ne soit retoqué, la chambre du Dakota du Sud avait explicitement considéré que les élèves des écoles, collèges, lycées de cet État étaient priés d'utiliser les toilettes en fonction de leur sexe biologique, allant même jusqu'à écrire : « La condition d'homme ou de femme est déterminée par les chromosomes ou par l'anatomie à la naissance » ! On croit rêver ! J'en ai eu la nausée. Est bien mal informé d'ailleurs celui qui croit que l'Europe est épargnée par de tels

1. Bruno Meyerfeld, « Dans le Brésil de Bolsonaro, le martyre des transgenres », www.lemonde.fr, 8 février 2021.

propos. Pas plus tard qu'en 2017, les conservateurs anglais étaient montés au créneau pour empêcher Sadiq Khan, alors maire de Londres, de construire des toilettes mixtes, au motif que cette idée irait à l'encontre de la différence « naturelle ».

Tatiana Reyes, la Péruvienne, partage avec l'assemblée son inquiétude. En effet, si le gouvernement en place mené de main de maître par le président Pedro Castillo se dit favorable à l'égalité entre les hommes et les femmes, ses actions tendent plutôt à démontrer le contraire. Surtout, alors que des élections se profilent pour la fin 2022, l'adversaire du président en place, Keiko Fujimori, ne semble pas plus avancé sur les questions LGBTQIA+. Les deux candidats représentent un courant politique autoritaire. Cela est d'autant plus inquiétant que le parti conservateur de Keiko Fujimori a bloqué depuis des années toutes les avancées attendues par les personnes transgenres, comme le changement de nom et le changement de sexe. Cette candidate sait que les années qui se profilent dans son pays ne seront pas celles de l'évolution des mœurs et des lois, et que tant qu'elle aura la force et le courage de porter cette voix, elle devra se faire entendre pour toutes celles qui ne l'ont pas eu.

Et que dire du Venezuela ! Sofia Colmenarez entame son allocution en montrant le chemin parcouru. Ouf, l'honneur est sauf : l'homosexualité est dépénalisée dans son pays depuis... 1997 ! D'ailleurs, la loi avait interdit un an auparavant les discriminations en raison de l'orientation sexuelle ou de l'identité de genre, ce qui a été réaffirmé en 2012 dans la Ley Organica del Trabajo, les Trabajadores y las Trabajadoras. On pourrait se dire que ce pays avance à grands pas, que le pari est presque gagné. Pourtant, la communauté transgenre se délite, fuit, quitte le pays. D'ailleurs, la fuite a commencé par celle de Rosmit Mantilla, député et militant pour les droits LGBTQIA+. Il avait publiquement dit être gay et proche de la députée trans vénézuélienne Tamara Adrian et souhaitait alors préparer un projet de loi pour l'union civile pour tous et la réassignation sexuelle. Son combat se poursuit désormais en France où il est exilé depuis 2019, après avoir purgé deux ans de prison dans son pays, et avoir été libéré grâce à la forte mobilisation des organisations de défense des droits de l'homme et du Vatican.

Il va sans dire que le continent asiatique n'est pas en reste dans la course à l'absence de droits pour les personnes transgenres, dans la course à la politique la plus homophobe ou transphobe. Après Taïwan, la Thaïlande fait certainement figure de pays le plus tolérant en matière de reconnaissance des droits LGBTQIA+. Blu Nata, la concurrente thaïlandaise nous raconte comment la députée

Tanwarin Sukkhapisit a fait une entrée fracassante au Parlement en mars 2019. Et elle ne fait pas figure d'exception, puisqu'elle rejoint trois autres élus transgenres. Soucieuse de voir une vraie démocratie émerger dans son pays, elle considère que la société ne devrait pas imposer un genre. Bien que le pays soit plutôt tolérant sur le sujet de l'orientation sexuelle ou de l'identité de genre, il n'en demeure pas moins que les personnes transgenres y subissent encore des discriminations à l'embauche notamment, les obligeant à marchander leur corps ou à accepter des travaux très peu rémunérés. Surtout, la loi n'autorise toujours pas le changement de genre sur les documents d'identité, cheval de bataille de la nouvelle élue qui entend bien changer tout ça, et vite !

À Singapour, une loi 377A remontant à l'époque coloniale et criminalisant l'homosexualité est toujours d'actualité. Qatrisha Zairyah, la candidate singapourienne, nous explique que la situation dans son pays est extrêmement paradoxale. Si la communauté LGBTQIA+ y a de plus en plus de place, de visibilité, les lois anti-LGBTQIA+ y sont toujours en vigueur. Voilà comment faire un pas en avant et trois pas en arrière. On avance, mais pas vraiment. De ce fait, les discriminations sont encore extrêmement nombreuses puisqu'elles sont encouragées par la loi. Les droits sont inégaux. Il y a d'un côté les Singapouriens pour lesquels la loi est faite, et puis les Singapouriens de la communauté LGBTQIA+ qui ne peuvent être défendus par qui que ce soit étant donné que cela équivaut à commettre un crime, puni par la loi. On marche sur la tête ! Alors évidemment, la personne transgenre qui entre parfaitement dans la case LGBTQIA+ n'entre pas dans l'autre. Pour elle, pas d'accès au logement ou au système de santé. Une situation peu enviable, qui encourage évidemment la culture du secret. Quand on est gay, lesbienne ou transgenre à Singapour, on se tait, on ne le dit pas, on ne le montre pas.

Face à ce témoignage édifiant, Veejay Floresca, la candidate tout droit venue des Philippines se veut rassurante pour les femmes transgenres de son pays. Si elles ont longtemps fait l'objet de discriminations, le projet de loi sur l'égalité Sogiesc, promulgué en 2020, contribue à offrir aux personnes transgenres un travail décent et des conditions de travail désormais équitables. Une chance pour les Philippins, la majorité des entreprises privées installées dans le pays sont occidentales et se moquent éperdument de l'orientation sexuelle ou de l'identité de genre de leurs salariés. Mais il n'en va pas de même de l'école. Les collèges, lycées et universités philippines n'acceptent pas les étudiants transgenres. S'ils veulent faire des études, les jeunes transgenres sont donc priés de se cacher, de se présenter sous le nom et l'identité de genre assignés à la naissance, et de ne surtout pas faire mention de leur transidentité. Alors je veux bien que cette loi soit progressiste, mais je constate avec effarement qu'il reste un sacré chemin à faire pour qu'un jour, dans ce pays, modifier son état civil soit juste possible.

Et la Russie dans tout ça ? Veronika Svetlova, la candidate russe explique que dans son grand pays, l'homosexualité est dépénalisée depuis les années 1920 ! On pourrait s'en réjouir et en déduire que le reste a suivi... Mais ce serait compter sans les différentes lois promulguées entre 1934 et aujourd'hui, visant à pénaliser les relations homosexuelles entre hommes, lesquelles ont été décriminalisées seulement en 1993, mais restent tout de même considérées dans le texte comme une maladie mentale. Mais surtout, l'arme secrète du gouvernement, c'est l'absence de loi ! Ainsi, les autorités ne reconnaissent aucune législation interdisant les discriminations liées à l'identité de genre dans tous les domaines ! Et de fait, ce qui n'est pas interdit est subtilement autorisé.

Sur vingt-sept candidates, nous sommes quatre Européennes, un peu gênées aux entournures par ces récits. Gaby Van der Brug, la candidate des Pays-Bas, Kalea Hanere, la candidate tahitienne, Flore Savia, la candidate italienne et moi savons pertinemment que si tout n'est pas rose dans nos pays respectifs, nous ne sommes ni conspuées, ni condamnées à nous cacher, voire mourir. Cette conférence est à la fois passionnante et écœurante. Ce soir, plus que jamais, je connais ma chance d'être française et je pleure d'émotion pour toutes ces femmes que je ne reverrai pas et dont certaines sont victimes de violences inouïes dans leur pays.

Nous nous retrouvons toutes le lendemain sur scène pour apprendre les chorégraphies, les placements, installer nos tenues dans les loges. Là, en leggings ou en jogging, mais chaussées de nos très hauts talons, nous déambulons sous les consignes du chorégraphe et du metteur en scène. Les musiques résonnent déjà, les ambiances lumineuses s'ajustent. Nul doute que ce soir, ce sera le grand show.

Florian ne me quitte pas.

Lui aussi a été touché par les témoignages de toutes ces femmes et est encore plus fier de m'accompagner dans mon aventure. Ce soir, nous retrouvons mon ami maquilleur venu spécialement de Paris pour m'apprêter. Ce n'est pas parce que je ne me considère pas comme une reine de beauté que je ne dois pas jouer le jeu. Au programme, les vingt-sept candidates se présenteront dans quatre tenues.

La tenue nationale.

Le mythique maillot de bain vert deux pièces.

Une robe de soirée de notre choix.

Une robe de cocktail verte, couleur de l'espoir, imposée par la production.

Mon premier passage fait sensation. Il faut dire que je suis la seule à défiler dans une tenue si emblématique et inattendue. Toutes les autres femmes ont choisi les robes folkloriques aux couleurs de leur pays. Difficile de rater Miss Brésil dans sa tenue samba et ses plumes qui la dépassent, ou Miss USA qui arbore fièrement le drapeau américain. Je n'ai que quelques minutes pour convaincre.

Glisser.

Lever.

Poser.

Le *clap* de la directrice artistique du Crazy Horse résonne dans ma tête à la manière d'un métronome. Je ne rate pas un pas.

Tête haute.

Sourire franc.

Cambrure parfaite.

Je m'amuse comme une enfant.

C'est aussi ce que retiendra Florian de ce passage : mon immense sourire au moment de tourner les talons, comme une gamine qui se dit intérieurement : « *Yes* ! Je l'ai fait ! »

Mais j'ai peu de temps pour papoter, débriefer, réfléchir, je passe de mon costume Crazy au maillot de bain de vert et c'est parti pour un second passage au cours duquel ma démarche chaloupée fait sensation. Pourtant, je suis juste là pour représenter dignement la France, certainement pas pour remporter le titre.

Pour le troisième passage, j'endosse une sublime robe fourreau blanche pailletée. J'ai misé sur l'élégance, encore une spécificité française que je souhaite incarner. Là, pas de décolleté vertigineux, pas de falbala. Je me suis montrée deux fois en petite tenue, je veux montrer que les Françaises savent aussi être très belles en suggérant, plus qu'en étalant. La robe me couvre entièrement le corps : le col est montant, comme un col Mao, les manches sont longues, la robe n'est pas fendue, juste évasée aux chevilles pour que je puisse me déplacer. J'entre sur scène avec une jupe blanche toute de frous-frous m'enserrant la taille. Alors que je tourne sur moi-même, je dénoue la jupe pour découvrir le fourreau ajusté. À l'issue de ce troisième passage, je rejoins les seize premières candidates choisies et je m'en étonne moi-même.

C'est au passage suivant que nous endossons toutes notre robe de cocktail verte. La robe que je porte couvre une fois encore les épaules et le cou de jolis strass. Puis, le corsage ajusté fait de tulle laisse voir ma peau par transparence, seule la poitrine est couverte de strass. La robe s'achève sur une jupe longue vert tendre. Chacune des seize finalistes dispose de quelques minutes pour se présenter et faire entendre sa voix.

« *We'll change the world for the next generation.* » Nous changerons le monde pour les générations futures. C'est avec cette phrase pleine d'espoir, inspirée de la conférence de la veille, que le public découvre ma voix. Je veux dire à travers ces quelques mots que notre place est légitime, que notre combat est juste et qu'il n'y a pas pire pour moi que de savoir que nous ne sommes pas égaux. Si vivre ma vie de ma femme m'est complètement permis en France, je veux que ce soit le cas partout dans le monde. Alors que je rejoins le podium des dix finalistes, émerge en moi le sentiment que je n'ai pas besoin de cette couronne ni de cette écharpe.

Ce n'est pas que je ne veux pas gagner.

Si je suis là, c'est pour donner le meilleur de moi-même et tenter de remporter cette couronne.

Je me rends compte depuis la veille que mes droits à moi n'ont jamais été aussi bafoués que le sont ceux de certaines de mes consœurs.

Évidemment que mon parcours n'a pas été facile, mais il a été possible et ni une loi, ni qui que ce soit sont venus brider mes choix.

Je ne me suis pas cachée.

Je n'ai pas été violentée.

Je n'ai pas été chassée.

Je tiens bien entendu à continuer à œuvrer pour faire reconnaître la communauté LGBTQIA+, car il reste beaucoup à faire, même en France. Cependant, je suis convaincue que ma carrière artistique m'ouvrira cette porte. Au moment de rejoindre les neuf autres finalistes sur le podium, je me dis que si je dois remporter le titre, alors je l'offrirai à une concurrente d'Amérique latine, qui aura bien plus besoin de cet étendard et de cette reconnaissance que moi.

Mais c'est là que le chemin s'arrête pour moi. Je n'irai pas au-delà du top 10, je termine sur la sixième marche de ce podium, ce qui est déjà très honorable et satisfaisant. Je suis d'autant plus heureuse que la gagnante est Miss Nicaragua, laquelle nous a raconté la veille que la crise des droits humains dans ce pays n'est pas une vue de l'esprit. Que ceux auxquels il viendrait l'idée de défendre les droits humains et les communautés le sachent : ceux-là sont incarcérés dans des conditions ignobles. D'ailleurs, depuis quelques années, le Nicaragua ne collabore plus avec les mécanismes internationaux de défense des droits humains, ce qui inquiète grandement les experts des Nations unies. Les droits à la liberté d'expression, de réunion pacifique et d'association sont réduits arbitrairement par le pouvoir, voire inexistants. Le clan Ortega[1] bafoue si régulièrement les droits de l'homme que le président est qualifié de dictateur des temps modernes. Dans ce contexte, difficile pour une femme transgenre de défendre son droit le plus élémentaire : exister.

Miss Nicaragua mérite cette couronne et je suis convaincue que dans son pays, elle en fera bon usage. Moi, je remballe mes robes de scène, mes strass et mes paillettes, je replie soigneusement le costume de garde britannique qui retourne au Crazy Horse et je rejoins Florian dans le lobby de l'hôtel, radieuse et heureuse que ce concours soit terminé.

Ce concours était le dernier.

C'est dit.

Je le sais, je n'irai plus me déhancher perchée sur 10 centimètres de talon dans des robes fourreaux, sauf pour interpréter mes chansons et mes spectacles.

Il est vraiment temps pour moi de changer de vie, d'obtenir cette fichue rupture conventionnelle

1. Depuis 2007, le Nicaragua est dirigé par Daniel Ortega, réélu en 2011, 2016 et 2021. Membre du Front sandiniste de libération nationale, il est secondé dans ses fonctions par son épouse, Rosario Murillo, vice-présidente et première dame.

avec la Cité des arts qui m'a déjà été refusée une fois. Maintenant que j'ai épuisé tous mes congés, toutes mes récupérations et tous les jours stockés sur mon compte épargne temps, je me dis que j'ai des chances de faire comprendre à la Direction que ma vie est vraiment définitivement ailleurs.

Ma vie est sur scène.

Ma vie est en musique.

Ma vie est danse.

Ma vie est lumière.

Ma vie est libre.

12

France

May est morte.

Je reçois cette nouvelle comme un coup de massue.

Brutalement.

Sans prévenir.

Je reçois la nouvelle par texto, comme ça, sans plus de précautions.

May, ma petite perle du Myanmar, rencontrée à peine un an plus tôt.

May, à laquelle j'avais promis que nous nous reverrions, là-bas, dans son pays.

May est morte, tragiquement, dans un accident de voiture.

Elle avait 21 ans.

J'en ai 39.

Je n'ai pas une minute à perdre. Cette nouvelle est épouvantable, triste, elle me frappe en plein cœur, car elle me renvoie une fois de plus au temps qui passe, à ce qui reste à dire, à faire, à voir, à cette urgence de vivre l'instant présent tout en ayant toujours un projet devant de soi, pour être sûre de ne rien rater, de ne rien regretter.

May n'a eu le temps de rien.

Moi, j'ai encore le temps de tout.

Et je ne cesse de me dire que tant qu'il me sera donné de vivre, je savourerai chaque minute comme un fruit délicieux, et je ferai que chaque instant soit une pierre précieuse de plus à mon édifice. La mort de May me renvoie une fois de plus aux raisons pour lesquelles on fait des choix, on prend des positions, on milite, on aime, on pardonne. Tout simplement parce que l'on est vivant.

May est morte.

Et je sens en moi cette urgence de me sentir vivante plus que jamais. Aussi étonnant que cela puisse paraître, sans vraiment me donner des ailes, la mort de May réveille en moi une insatiable envie de concrétiser tous mes projets, et ils sont nombreux !

Au retour de Barcelone, je fais un bref passage par Paris pour participer au tournage d'une websérie diffusée sur Instagram et YouTube. J'avais été contactée en tout début d'année pour former un couple lesbien, avec une autre comédienne, dans cette minisérie qui met en scène trois couples dans des scènes de la vie quotidienne. Pour sa troisième saison, *Le Bon Duo*[1] m'offre un rôle sur mesure puisque j'y incarne une femme transgenre lesbienne. Cette série est née de l'imagination de Nicolas Bouskela, qui remet au goût du jour les Chouchou et Loulou des années 2000, en incarnant, avec Yohan un couple gay à l'écran, présenté dans leur appartement et partageant leur quotidien. À coups de petites pastilles web de quelques minutes, les followers découvrent que les problèmes des couples gays sont les mêmes que ceux que rencontrent les couples hétérosexuels. Quel que soit le couple, on se chamaille pour le lave-vaisselle qui n'est pas vidé, le tube de dentifrice pas rebouché, les cheveux qui traînent dans la baignoire, le chemisier décoloré dans la machine à laver, les chaussettes sales qui traînent sous la table du salon… et tant d'autres situations d'une banalité à faire craindre la vie de couple, et aussi d'une drôlerie à faire rire la terre entière. Le succès aidant, Quentin et Susanna, couple hétérosexuel, ainsi que le couple formé par Aurélie (que j'interprète) et Jennifer sont venus rejoindre le casting. Au-delà de la drôlerie des saynètes, l'auteur aspire avant tout à vulgariser les relations au sein

1. *Le Bon Duo*, série créée en 2020 par Nicolas Bouskela, diffusée sur les réseaux sociaux entre depuis 2020. Trois saisons à ce jour. @lebonduo

des couples gays ou lesbiens, en les rapprochant de celles des couples hétérosexuels. Et j'adore l'idée ! Simplement parce que ces petites pastilles montrent que tout est normal, tout va bien, rien n'est grave, ces gens s'aiment et c'est finalement la seule chose qui compte. Surtout, je me dis que si des jeunes gays, des jeunes lesbiennes, des jeunes transgenres tombent sur ces vidéos, ils verront que l'on peut être heureux en étant gay, lesbienne ou transgenre.

Les Bons Symptômes.

Les Bonnes Preuves d'amour.

Les Bonnes Odeurs.

La Bonne Partie.

Le Bon Sexe.

Le Bon Stalking.

La Bonne Corvée.

Et tant d'autres épisodes de 4 minutes enregistrés en quelques jours de tournage, dans un appartement de région parisienne, avec le secret espoir qu'un jour cette websérie rejoigne la programmation télévisée, de sorte à montrer qu'il n'y a finalement pas plus banal qu'un couple qui s'aime, quelle que soit la sexualité de ce couple.

Retour à La Réunion. Il me reste quelques semaines de travail à la Cité des arts avant de prendre définitivement mon envol. Ma demande de rupture conventionnelle a été acceptée, mon contrat s'arrête le 22 avril 2022. La numérologie, les heures miroirs, l'astrologie sont autant de sujets qui me passionnent. Je ne suis ni druide ni sorcière, je ne lis pas moi-même dans les cartes ou le marc de café, mais je suis très attentive à tous ces petits signes que l'univers envoie. Je les vois toujours comme d'heureux présages, soit pour me préparer à la mauvaise nouvelle, soit pour accueillir la bonne. En tout cas, ces petits signes sont toujours annonciateurs des réponses que j'attendais, quelles qu'elles soient.

Il est comme ça des dates qui peuvent paraître insignifiantes, mais que je retiens. Qui, à part moi, se souvient de la date à laquelle un contrat de travail est rompu pour aller vivre une extraordinaire aventure bien plus palpitante ailleurs ?

Cette date, je m'en souviendrai toute ma vie.

22 avril 2022.

Le nombre 22 qui revient deux fois ne peut pas être fortuit. Surtout quand on sait qu'en numérologie, il est l'un des trois maîtres nombres avec le 11 et le 33. Le 22 est le maître constructeur qui canalise la sagesse pour transformer les rêves en réalité. L'énergie du nombre 22 pousse à utiliser nos talents pour accomplir de grandes ambitions et de grands accomplissements.

Ce 22 avril 2022, je quitte donc la Cité des arts, l'agenda débordant de projets.

Le 24 avril, je m'envole à nouveau pour Paris où je dois rejoindre le casting de la campagne nationale organisée par le magazine *Têtu*, en partenariat avec LVMH et BNP Paribas, pour le Mois des fiertés, et la journée Idahot 2022. L'intention de ce clip de 2 minutes est simple : dénoncer les actes transphobes et homophobes ordinaires. Le casting est prestigieux.

Ouissem Belgacem[1], footballeur gay.

Océan, humoriste transgenre.

Suzane, chanteuse, lesbienne.

Isabelle Vitari, comédienne.

Orféo Campanella, comédien.

Romain Lancry et Laurent Menou, *Les Crevettes Pailletées*[2].

Alexandre Wetter, comédien phare du film *Miss*[3].

Dans ce clip, chacun de nous incarne son genre et sa sexualité. En 2 minutes et quatre saynètes, le réalisateur montre le tournage d'un film en mettant l'accent sur toutes ces petites violences ordinaires, ces mots homophobes et transphobes qui ne choquent personne, simplement parce que l'on dit ça « comme ça, pour rigoler ».

1. Auteur avec Éléonore Gurrey du livre *Adieu ma honte* sur l'homosexualité dans le monde du football, paru en 2020 chez Fayard.

2. Film de Cédric Le Gallo et Maxime Govare sorti en 2019, racontant la véritable histoire d'une équipe de water-polo gay.

3. Film de Ruben Alves sorti en 2020 dans lequel Alexandre Wetter incarne un jeune homme qui rêve de devenir Miss France.

« Eh, vas-y, attends-moi pédé ! » scandé par un jeune qui passe à vélo.

« Avance, fais pas ta fiotte ! » lancé par le déménageur qui porte le décor à son collègue.

« Elle est belle, mais tout est refait ! C'est une trans, tu savais pas ? » dit avec malice par la maquilleuse à sa copine, et l'autre de répondre, très étonnée : « On dirait une vraie. »

« Tellement relou qu'elle soit gouine », confié par le barman à son collègue, et l'autre qui n'hésite pas à rétorquer : « Tu ne vas pas me dire qu'il leur manque pas un truc ! »

Autant de petites phrases, de commentaires, de jugements qui blessent simplement parce que les mots ont un sens. C'est précisément ce que ce clip entend montrer. On ne juge pas les gens sur leur genre ou sur leur sexualité, ça ne regarde qu'eux. Il n'y a pas besoin de s'attaquer physiquement à une personne homosexuelle ou transgenre pour se rendre coupable d'homophobie ou de transphobie, des petits mots suffisent. Je suis très fière d'être au casting de ce clip écrit et réalisé par Benoît Pétré, et brillamment soutenu en voix off par la comédienne Émilie Dequenne. Surtout, je me sens parfaitement légitime dans ce rôle, simplement parce que j'y incarne qui je suis sincèrement, profondément, intimement.

En ce printemps 2022, six mois après mon titre de Miss Trans France, mon marathon métropolitain s'accélère. En mai 2022, parce que la Ville de Paris porte en elle les valeurs de tolérance, de liberté, de respect de chacun, Anne Hidalgo, sa maire, remet le prix international pour les droits des personnes LGBTQIA+, qui accorde chaque année une distinction honorifique et une dotation de 5 000 euros aux personnalités et associations engagées dans la défense des droits des communautés LGBTQIA+. Ce prix a été créé en 2018 par Anne Hidalgo et je rejoins le jury de cette cinquième édition présidée par Alice Nkom, avocate camerounaise et défenseure des droits LGBTQIA+. Je retrouve dans ce jury Jean-Luc Romero que je n'ai pas revu depuis le titre de Miss Trans France, Ouissem Belgacem avec lequel j'étais en tournage quelques jours plus tôt, et fais la connaissance de différentes personnalités très engagées dans la défense des droits LGBTQIA+ en France ou à l'étranger. Il serait complètement illusoire de croire que ce prix est anecdotique, alors qu'il est justement destiné à encourager la poursuite des actions des lauréats et à mettre en lumière les défenseurs des droits, soit qu'ils sont méconnus, soit qu'ils agissent dans un contexte difficile, de sorte à les faire sortir de l'ombre.

Car il n'y a pas de doute : il n'y a qu'en braquant tous les projecteurs possibles sur les actions que le rayon d'influence s'élargit, que les tabous tombent, que les peurs s'évanouissent. Une fois encore, mon écharpe de Miss Trans France me rappelle combien ce combat est important et ma place, légitime.

Ce 17 mai 2022 est une journée complètement incroyable, une vraie journée de diva. Après une visite du musée Carnavalet en compagnie des autres membres du jury, d'élus de la Ville de Paris et de quelques journalistes, je suis attendue pour une interview sur le plateau France 24. Puis je m'engouffre à nouveau dans un taxi, direction l'Hôtel de Ville de Paris, pour la remise des prix en présence de nombreuses personnalités, dans le salon des Arcades, avant de rejoindre le plateau de TV5 Monde pour une nouvelle interview. Et Florian n'en rate pas une miette. Il est là, derrière moi, à côté de moi, face à moi, dans le taxi, sur les plateaux, au musée, il est partout, professionnel, discret, attentif. Il capture les sourires, les instants, les échanges, et sa présence est rassurante.

Dans cette même folle semaine, j'assiste au vernissage de l'exposition *NFT âmes sœurs* du talentueux artiste photographe Ludovic Baron, au premier étage de la tour Eiffel. Un lieu prestigieux pour un artiste prodigieux. Le principe de cette œuvre est complètement dingue. Comme il l'avait déjà fait avec *La Liberté* d'Eugène Delacroix ou

Le Radeau de la Méduse de Théodore Géricault, l'artiste se réapproprie cette fois *Les Romains de la décadence* de Thomas Couture. Cette toile gigantesque, exposée au musée d'Orsay, a inspiré à l'artiste une réinterprétation moderne et spectaculaire. L'œuvre originale montre des Romains, hommes et femmes, alanguis par dizaines sur des canapés, parfois nus, parfois très peu vêtus, semblant goûter le ravissement de cette décadence faite de plaisir et de paresse.

Pour réaliser cette immense photographie, l'artiste a constitué un casting incroyable dont il dit lui-même : « Parce que les belles énergies n'ont pas de forme, pas de visage, pas de couleur, ni même de genre, j'ai choisi des personnalités qui prônent la confiance en soi pour véhiculer un message positif sur l'inclusion dans ma création *NFT Âmes sœurs*[1]. »

J'ai l'immense honneur d'être de ce casting et d'incarner une princesse des temps modernes, vêtue d'une robe tout droit sortie d'un conte de fées, la main gauche tendue vers le ciel, la main droite accueillant une colombe. À mes côtés, trônent fièrement des personnalités toutes singulières, assumant leur différence.

Théo Curin, jeune athlète amputé des quatre membres.

1. www.ludovicbaron.fr/nft-ames-sœurs.

Alexandre Wetter qui incarne si bien la diversité.

Jade Boinet, mannequin et chanteuse.

Nicky Doll, reine des drag-queens françaises.

Héloïse Martin, actrice ex-anorexique qui a su briser ce tabou.

Claude-Emmanuelle Gajan-Maull, actrice, mannequin et activiste transgenre.

Paco Maujean, fervent défenseur des droits de l'homme.

Et tant d'autres encore…

La photographie qui résulte de ce projet montre la diversité sous toutes ses formes.

Couleur de peau.

Corpulence

Handicap.

Identité de genre.

Origine sociale.

Mais elle montre essentiellement des hommes et des femmes, certes tous différents, mais unis et complices dans cette mise en scène joyeuse et pleine d'espoir. Elle montre combien il n'est pas si compliqué de dépasser les apparences et les convictions pour vivre ensemble. Enfin, s'il en était encore besoin, cette œuvre prouve, en rassemblant vingt-cinq personnes sur une même scène, que ce qui rend notre population si riche et si belle, c'est précisément le fait que chacun d'entre nous est différent et beau à sa manière, et c'est cette singularité que chacun de nous porte en lui qui rend la diversité si intéressante… tout comme les touches de couleurs différentes d'un tableau.

Je profite de l'été 2022 pour me rendre en Languedoc-Roussillon tourner le clip de mon prochain titre, *Love Yourself*, extrait de l'EP *Évolution*, qui raconte tout ce travail de développement personnel engagé depuis des années pour réaliser ma transition. Pour illustrer le livret de cet EP, je retourne voir une vieille connaissance : Jace. Ce street artiste réunionnais a déjà signé pour moi une toile qui a servi de décor à mon précédent titre. Cette fois, il propose de mettre son célèbre gouzou au service de ma cause. Les gouzous, ce sont des petits personnages asexués, réduits à leur plus simple expression, ne portant pas de visage, créés par Jace en 1992. Et ce qui m'intéresse justement dans ce travail, c'est que l'on ne définit pas un gouzou par son sexe, son genre ou son allure, mais par les causes qu'il incarne. Les gouzous sont présents partout, sur les murs du monde entier, et sont même chassés par les amateurs de street art, toujours en quête de la dernière œuvre de Jace. Pour l'occasion, Jace pare le gouzou d'une perruque noire et le fait bondir sur un arc-en-ciel. Car les gouzous sont engagés, et toutes les œuvres de Jace défendent une cause ou dénoncent des actes. Les gouzous sont tolérants, défendent l'écologie, les droits de l'homme, la liberté. Alors il était évident que Jace et moi, nous nous retrouverions sur ce terrain. Une fois encore, je suis honorée que Jace ait accepté de prendre part à mon projet de cette si jolie manière, avec une espèce de candeur qui rend tout dessin compréhensible de n'importe qui. Le gouzou à mon effigie est un nouveau meilleur ami qui trône fièrement sur la pochette de l'EP, sur des mugs, des tee-shirts et qui, sans que les mots soient dits, invite à la tolérance. C'est aussi ce que j'exprime dans cet EP. *Be yourself*... Être soi, au-delà des injonctions de la société à être qui il convient d'être, au-delà des attentes des autres, au-delà du qu'en-dira-t-on. Être soi pour être libre et apporter le meilleur de soi aux autres.

Pour la fin de cette année de règne si intense, je prépare un nouvel EP, *[R]évolution*, ainsi que la prochaine édition de Miss Trans France 2022-2023, qui se déroule le 15 octobre 2022 à la Gaîté lyrique, à Paris. Pour cet événement, le comité Miss Trans France renoue avec la tradition : une scène, un public et un jury, dans lequel je retrouve Jean-Luc Romero, toujours fidèle à encourager les actions en faveur de la visibilité de la communauté LGBTQIA+, Aëla Chanel, Miss Trans France 2020, et des représentantes d'associations LGBTQIA+. Et si je ne figure pas parmi les membres de ce jury, c'est simplement parce que ce soir, j'ai l'occasion d'interpréter plusieurs de mes titres sur scène, devant les 250 personnes invitées. Dans les coulisses, j'encourage les treize candidates venues du Nord, de Bretagne, de Lyon et de Paris pour tenter de remporter le titre tant convoité.

Elles sont belles.

Elles ont toutes des parcours hors norme.

Elles représentent la diversité que nous chérissons tant.

Je les encourage et les invite à profiter du moment, car qui que soit la gagnante ce soir, elles ont toutes gagné le respect des personnes présentes. Il en faut, du cran, pour assumer sa différence, pour accepter de mettre sa vie entre parenthèses durant un an en vue de défendre cette cause, et pour porter l'étendard comme je l'ai fait et comme d'autres avant moi s'en sont chargées.

Moi, je vais simplement monter sur scène, montrer au public quelle artiste je suis, montrer ce qui m'anime, ce qui me porte, ce qui me rend heureuse. Et j'espère que de leur siège, les spectateurs verront une artiste accomplie, mais surtout une femme bien dans sa vie et dans ses talons hauts !

Et puis ce soir, je remets avec fierté sa couronne à Khaleesy Mai, originaire de Polynésie française. Cette très jolie jeune femme élancée, aux longs cheveux bruns, me dira que ce titre de Miss Trans

France 2022 est pour elle l'aboutissement d'un parcours personnel. Pour moi, ce titre a d'abord représenté la reconnaissance de mon engagement en faveur des droits LGBTQIA+, mais aussi une formidable porte ouverte sur la suite, sur ma carrière, sur mes projets. Florian est là aussi, dans ces coulisses, il fixe ce passage de relais, il me voit, le regard perdu dans mes pensées, me remémorant qu'il y a un an, j'étais loin d'imaginer comme ma vie allait changer. Florian capte silencieusement tous ces moments. Il est partout, omniprésent et en même temps si discret.

Le soir de mon anniversaire sur la plage à La Réunion.

Sur la plage où je me prélasse.

Auprès de la cascade dans laquelle je me baigne.

Au barbecue organisé par l'association OriZon.

Dans le bus de la Marche des fiertés à Paros.

À l'aéroport, dans l'intimité des au revoir avec mes proches alors que je m'envole vers Paris.

Dans les coulisses des spectacles.

À l'inauguration de *NFT* Âmes Sœurs.

En Provence, sur le tournage du clip.

Sur les plateaux TV parisiens.

Il est partout, discret, drôle, patient, attentif.

Mon année de règne s'achève et les projets s'amoncellent ! C'est désormais évident, j'ai vraiment besoin d'un coup de main pour organiser mes rendez-vous, gérer les déplacements, et répondre aux sollicitations, sinon je vais me perdre en route. Très naturellement, je fais appel à SHM Events, agence de management et de booking artistique à La Réunion, dirigée par Sarah et Hanna. Je fais appel à cette agence parce que je connais Sarah depuis dix ans. Elle assistait à tous mes spectacles et un soir, nous avions évoqué ensemble un moment très précis de ma toute jeune carrière, avant que je n'entame ma transition. Il s'avère qu'à cette époque, j'avais été contactée par la production de *La France a un incroyable talent*, émission grand public diffusée sur M6, pour me produire dans un numéro transformiste sur scène. J'avais longuement hésité, puis, sous la pression des copains, des proches, des danseurs avec lesquels je travaillais, j'avais finalement accepté ce défi, un peu à contrecœur malgré tout. Je n'imaginais pas qu'il y ait une place pour un artiste comme moi dans cette émission, je craignais certainement un peu le voyeurisme, le fait qu'il faille des numéros décalés et spéciaux pour finalement faire la belle aux numéros plus conventionnels. Surtout, puisque l'équipe de M6 m'avait repérée sur les réseaux sociaux et avait épluché toutes les vidéos que j'avais publiées, j'évitais la case « casting », ce qui, finalement, me gênait un peu. J'allais en effet me retrouver dans l'arène sans aucune étape préliminaire, sans qu'un jury ait vu mon travail *in situ*, et ça n'était pas pour me rassurer.

In fine, j'ai fait le voyage.

Je suis montée sur la scène.

J'ai fait mon numéro.

Je suis rentrée à La Réunion.

Comme je m'y attendais, l'expérience a été décevante, je n'y ai rien appris, je doute que mon travail et mon art aient été compris, et cela ne m'a finalement pas apporté grand-chose. Pourtant, la production avait mis les moyens et m'avait emmenée, à moitié déguisée en drag-queen, faire des prises de vues sur le pont Alexandre-III. J'avais joué le jeu, mais je ne me sentais ni dans mon élément ni dans le bon moment. J'avais perdu mon père quelques semaines auparavant, et je n'avais pas l'âme conquérante à ce moment-là. Et puis, ce que l'on attendait de moi était en parfait décalage avec qui j'étais, voire en parfaite opposition. Ça ne pouvait donc pas fonctionner, c'était écrit, je le savais, mais j'avais cédé.

Enfin, quand même, alors que j'aborde ce sujet quelque temps plus tard avec Sarah, je me dis tout de même que tout a un sens et une raison, et que si l'univers, ce grand tout super-puissant, a mis cette expérience sur ma route, c'est que je devais la vivre et qu'elle m'a forcément enseigné quelque chose.

À moi de trouver quoi.

À cet instant, la réponse ne m'apparaît pas clairement. Sarah partage avec moi ce moment d'introspection, avant que je ne parte me coucher. La réponse à ma question viendra me réveiller au beau milieu de la nuit. En effet, c'est cette nuit-là qu'est née l'idée du spectacle *La Genèse de Dracula*, que je produirais en 2016, deux ans après avoir foulé la scène de *La France a un incroyable talent*. C'est ainsi que Sarah et moi sommes restées liées et nous sommes dit à différentes reprises qu'il serait bien que l'on travaille ensemble. En cet automne 2022, c'est donc chose faite, l'agence SHM prend en charge mes contrats, gère mes cachets, planifie mes rendez-vous, et je me félicite d'avoir pris cette décision, car justement, elle est contactée par Marc Fayet, comédien, auteur dramatique et metteur en scène, qui cherche très précisément une jeune femme transgenre pour tenir un rôle dans sa prochaine pièce.

Le temps s'accélère d'un coup, car je suis contactée le vendredi et mon avion décolle le lundi suivant pour La Réunion. Florian et moi avons le documentaire *Louïz, de l'évolution à la [r]évolution* à terminer, et je ne peux pas reculer ce recul. L'audition est donc calée en vingt-quatre heures.

Ce dimanche, me voilà sur les planches du théâtre du Montparnasse, à passer une audition pour une pièce de théâtre que je n'ai jamais lue, dans un décor qui sert la pièce que joue Marc Fayet en ce mois de novembre 2022. Je lis la scène qui m'est proposée, je donne quelques répliques, texte en main, dans un théâtre entièrement vide, et je me dis quand même que tout cela est un peu surnaturel ! Cela étant, je fais encore une très belle rencontre. L'homme est charmant, précis dans ses indications, et son assurance me met très vite à l'aise. Je ne m'emballe pas, c'est un casting, je sais que je ne suis pas la seule artiste qu'il reçoit, mais l'expérience est vraiment plaisante.

Surtout, je suis à peine rentrée à La Réunion que Marc Fayet me rappelle pour me demander d'apprendre les textes en vue d'une lecture programmée en janvier 2023 devant les producteurs. Les bras m'en tombent ! Cela signifie donc que si la pièce est montée, j'ai de grandes chances d'avoir ce rôle !

J'ai à peine le temps de défaire mes valises, de voir passer Noël en maillot de bain, de fêter dignement le jour de l'An, que je retourne en métropole pour quelques jours seulement. Je me retrouve cette fois entourée de comédiens professionnels sur la scène du théâtre de Paris où le décor de l'intérieur d'une maison est monté pour le spectacle du soir. Et devant les producteurs bien installés dans les jolis fauteuils rouges des premiers rangs, nous nous donnons la réplique, plusieurs heures durant. Je reste concentrée sur mon texte, me détends au fur et à mesure des pages et une fois cette lecture terminée, je suis complimentée pour mon travail, mon implication, mon sérieux. Bien sûr, il y a du travail, mais tout le monde est rassurant, le travail sera efficace et je serai une comédienne parfaitement légitime sur scène.

Dans l'avion qui me ramène à La Réunion, je suis sereine. L'expérience que je viens de vivre est incroyable et inestimable pour moi. Elle vient confirmer que je suis parfaitement légitime dans ce métier, que j'ai les armes pour y parvenir, et encore de multiples cordes à mon arc. Être félicitée par des comédiens professionnels est un atout incroyable, qui me remplit d'assurance.

À La Réunion, où l'été bat son plein, il nous reste de nombreuses images à tourner pour le documentaire. Florian choisit des décors de rêve et je me souviens que c'est ce qui m'a aussi beaucoup plu lorsque j'ai découvert son travail : cette capacité à montrer la grandeur de ces cascades, l'immensité de ces canyons, la profondeur des forêts, le tout mis en valeur par une lumière exceptionnelle. Surtout, pour ce documentaire, nous avons besoin d'un enfant qui puisse m'incarner, moi, petit. Nous avons comme idée d'introduire le film avec cet enfant, jouant dans la forêt près de sa case en bois sous taule, un enfant que la femme que je suis désormais serait la seule à revoir en mémoire, un enfant auquel la femme que je suis s'adresse avec une infinie tendresse et montre qui elle est devenue, grâce à lui.

J'avais posté sur Facebook un message qui n'a pas été très concluant, puis j'avais pensé à faire incarner cet enfant par le fils d'une de mes cousines, qui n'était malheureusement pas disponible au moment du tournage. Finalement, mes souvenirs de mon projet monté avec la Cité des arts ne sont pas si loin et je me souviens d'un frère et de sa sœur qui étaient dans l'orchestre. Surtout, je me rappelle leur petite sœur, très fine, métisse, au regard doux. J'adresse alors un message à la maman pour lui expliquer le projet, laquelle me renvoie une photo de Youanna, 11 ans. Mon coup de cœur pour la fillette que je découvre est immédiat.

Son nez fin.

Sa silhouette gracile.

Ses grands yeux noirs.

Sa chevelure ébouriffée.

Son côté androgyne.

C'est décidé, Youanna sera Jovani, enfant.

Et je suis d'autant plus satisfaite de ce choix que dès le premier plan, où Jovani joue à cache-cache derrière les arbres, mon mini-moi incarne parfaitement le personnage. Je me revois, les yeux rieurs, le sourire malicieux, courant pieds nus dans les sous-bois. Et puis, il y a cette scène complètement incroyable juste avant le titre du film, dans laquelle je rejoins Jovani dans le lit pierreux de la rivière asséchée, et où je m'accroupis face à lui, exactement dans la même position. Alors, l'enfant lève les yeux des cailloux sur lesquels il jouait de la musique et me fixe. J'ai cette sensation incroyable d'observer fièrement l'enfant que j'étais et de lui dire : « Regarde un peu qui nous sommes devenues ! »

Pour ce film, Florian recueille les témoignages des personnes qui ont connu Jovani, qui ont vécu la transition et qui accompagnent encore ma vie aujourd'hui.

Ma mère.

Florence et Colette, mes sœurs.

Alban, conseiller en image, rencontré pour *La Genèse de Dracula*, pièce dans laquelle je devais interpréter un personnage féminin, alors que je vivais encore dans un corps masculin, et qui a accompagné ma transition en étudiant ma silhouette, mon style, la colorimétrie, de sorte que la femme que j'étais en train de devenir soit spontanée et évidente.

Christelle, la coordinatrice du projet *Démos* à la Philharmonie de Paris, qui a aussi connu Jovani et la transition. Elle s'était d'ailleurs étonnée du fait que j'étais un homme tant elle avait perçu en moi cette sensibilité extrêmement féminine.

Christelle, Emmanuelle et Larissa, mes amies de toujours, qui m'ont vue grandir sur scène dès l'adolescence, et Gaëlle, que ma transition a inspirée, au point qu'elle a pu s'identifier et vivre la sienne plus sereinement.

Mickaël et Maxime, les deux hommes qui comptent encore tellement dans ma vie.

Jean-Luc, la rencontre décisive dans ce parcours hors norme, Samuel le président de l'association OriZon, avec lesquels je partage tant de projets et d'envies pour la communauté LGBTQIA+.

Jace, l'artiste qui m'a mise en image grâce à ses gouzous.

Valérie, la directrice de la communication de Canal + Réunion qui a accepté de mener ce projet à son terme.

Et puis, bien sûr, Karine et Ericka, les deux femmes politiques emblématiques de La Réunion, tellement encourageantes et d'un soutien sans faille.

Réaliser ce film n'a pas été une mince affaire. Le budget octroyé par Canal + Réunion est important, mais ne suffit pas à couvrir nos frais. Surtout, nous sommes très étonnés que ni la Région ni le CNC ne suivent Canal + et n'octroient des subventions. Pourtant, les images de La Réunion tournées par Florian sont une réelle invitation au voyage, un passeport pour le tourisme.

Qu'à cela ne tienne, nous faisons donc sans, parce qu'à cœur vaillant rien n'est impossible et que nous tenons tous les deux à ce projet qui va, c'est évident, briser tous les tabous en moins d'une heure trente.

Pour que Florian me suive de La Réunion à Paris en passant par Barcelone, je paie mes propres déplacements, de sorte à assurer une petite rémunération à Florian qui fait tout le boulot, ou presque, et notre équipe est réduite à sa plus simple expression : lui et moi. Pas de perchiste, pas de chef opérateur, pas d'éclairagiste. Nous sommes deux, et nous faisons avec les moyens du bord. Nous voyageons avec le matériel le plus léger possible, nous attendons que la luminosité soit la bonne pour ne pas avoir à ajouter des spots, nous filmons les témoins dans leur cadre, sans artifice et sans décor savamment monté. Et finalement, c'est aussi ce qui confère à ce film une certaine authenticité. Les images sont naturelles et apportent à mon propos la profondeur que j'attendais.

Le film est monté, Canal + Réunion en détient les droits exclusifs et décide, après avoir assisté à une première projection très privée, de diffuser le documentaire sur Hello, chaîne digitale accessible à l'ensemble des abonnés et permettant depuis sa création, en 2019, de découvrir des créations LGBTQIA +. Surtout, *Louïz, de l'évolution à la [r]évolution* est la première création audiovisuelle réunionnaise figurant dans le corner Hello, corner national dédié aux thématiques LGBTQIA+, donc accessible ainsi à l'intégralité des abonnés de la chaîne, en France et dans les outremers.

Le film est diffusé pour la première fois, en avant-première, le 2 mars 2023, à l'Hôtel de Ville de Paris, devant une centaine d'invités, membres de la communauté LGBTQIA+, journalistes, élus et, bien sûr, la direction de la chaîne. Devant le succès de cette première diffusion, Canal + national propose d'organiser une conférence sur la question de l'inclusion, car ce documentaire ouvre une fenêtre nationale loin d'être négligeable.

Je repars à La Réunion avec le film dans mes bagages pour préparer sa sortie officielle, le 30 mars. Là, la salle de cinéma du multiplex de Sainte-Marie, la deuxième plus importante du plus important multiplex de l'île, est pleine à craquer. Les 350 personnes ont fait la queue pour obtenir leur place et l'établissement a dû refuser du monde. Je suis subjuguée par le succès, l'engouement, les critiques dithyrambiques, les messages qui m'arrivent par dizaines pour me féliciter d'avoir eu le courage de montrer face caméra qui je suis.

Solaire.

Inspirante.

Lumineuse.

Sincère.

Engagée.

Exemplaire.

Évidente.

Tous les messages qui affluent sur mon téléphone, ma boîte e-mail, les forums reprennent ces adjectifs, et je suis évidemment extrêmement touchée que le public qui a eu l'opportunité d'assister à cette projection perçoive à quel point mon combat est en effet sincère, rien n'est joué, rien n'est feint. Ce film, c'est simplement moi, au quotidien, suivie pendant un an, dans les multiples aspects de ma vie. Rien n'a été scénarisé et surtout, les témoignages n'ont pas été dictés.

Et je sens de plus en plus que la machine s'emballe.

Parallèlement à la sortie de ce documentaire, je publie *Providence*, lc premier titre issu de l'EP *[R]évolution*, qui raconte cette fois ma révolution, celle qui m'a permis d'être la femme que je suis. En cette fin d'été austral, j'ai trois semaines pour apprendre par cœur les chorégraphies sur lesquelles ont travaillé neuf danseurs qui m'accompagnent sur scène pour un concert unique au cours duquel j'interprète quatorze titres. C'est une occasion unique de montrer que je suis une artiste accomplie, complète, et que ce que je propose n'est pas un travail d'amateur. Sur scène, au fil de mes chansons, c'est mon histoire que je raconte. Et je le sais, non seulement je suis capable d'assurer des premières parties, mais aussi de remplir des salles. D'ailleurs, la Cité des arts a inscrit mon spectacle à sa programmation et La 1re Réunion[1] souhaite en réaliser une captation en vue de sa diffusion en prime time le 25 août 2023.

Surtout, le documentaire *Louïz, de l'évolution à la [r]évolution* est nommé aux Out d'or, dans la catégorie « Documentaire ». Organisée par l'Association des journalistes LGBT[2], la cérémonie des Out d'or récompense les événements médiatiques mettant en lumière les problématiques LGBTQIA+. Notre documentaire vit désormais sa propre histoire, dont je suis extrêmement fière.

Après cette folle année médiatique, je me dis que la transidentité n'a plus aucune raison d'être cachée, je suis la preuve vivante que la réussite n'a rien à voir avec l'identité de genre, le sexe ou la sexualité, pas plus d'ailleurs qu'elle n'a à voir avec la couleur de peau ou les croyances. La réussite a simplement à voir avec la volonté, le dépassement de soi, la foi en soi. Finalement, ce film permet, à travers mon image, à toute la communauté LGBTQIA+ de sortir de l'ombre.

La preuve que l'ère de l'invisibilité des personnes transgenres est révolue, c'est que je suis contactée par Pardon ![3], marque locale de vêtements, très répu-

1. La 1re Réunion est une chaîne du groupe France Télévisions.

2. Association fondée en France en 2013, visant à un meilleur traitement des questions LGBTQIA+ dans les médias français..

3. La marque Pardon ! a été créée en 1984 par Peter Mertes dans les départements d'outre-mer.

tée à La Réunion. Pardon ! est notamment connu pour ses campagnes de publicité humoristiques et décalées, et revendique, à travers ses collections de prêt-à-porter, la liberté d'expression, et la liberté d'être qui l'on souhaite. Pour sa campagne 2023, la marque choisit trois visages pour incarner sa collection : Dana Virin, Miss Réunion 2021, Kaf Malbar, chanteur emblématique de l'île, et moi. Chacun sur nos affiches, en 4 × 3 sur les panneaux publicitaires de l'île, sur les autobus, dans les abribus… impossible d'échapper à nos sourires, nos clins d'œil, notre présence, notre prestance. Jean-Paul Gautier avait déjà fait poser une femme transgenre pour une publicité, mais elle n'était pas seule. Moi, je suis seule sur l'affiche.

Un joli coup de pied dans la fourmilière.

Un sacré pied de nez aux annonceurs.

Jusqu'alors, les marques n'osaient pas associer leur image à une femme transgenre, je suis désormais la parfaite incarnation du contraire, s'afficher avec moi est bien vu. Surtout, cette campagne publicitaire adresse un message à toute la communauté LGBTQIA+ et aux femmes transgenres : « Mesdames, fini de nous cacher, ils devront faire avec nous ! »

Aujourd'hui plus que jamais, je suis convaincue que le monde a autant besoin de nous que de tous. J'ai à cœur de démontrer que prendre sa vie et sa liberté en main est possible à qui le veut. Aujourd'hui, la plupart des personnes que je rencontre m'identifient pour ce que je suis, par pour le fait que je sois transgenre, ou métisse, ou de taille moyenne.

Je suis convaincue de tout ça, et en même temps, je sais qu'il reste du chemin à faire.

13

Jovanie Louise

Je m'appelle Jovanie Louise.
Je suis une femme.
J'ai 39 ans.
Je suis artiste.
Je n'ai aucun regret.

Je n'ai aucun regret au sens où je n'aurais pas voulu naître dans le corps d'une femme. Le devenir a certainement été la plus belle aventure de toute ma vie, et reste un chemin de chaque jour. Je suis confrontée comme chaque femme aux difficultés d'être une femme dans une société qui reste malgré tout assez patriarcale, dans une société où les injonctions envers les femmes sont encore nombreuses.

Se marier.

Avoir des enfants.

Conjuguer vie professionnelle et vie familiale.

Moi, je n'ai pas ces contraintes. Je suis libre d'être la femme que je veux parce que j'ai conquis cette liberté, n'en déplaise à certains. Je suis heureuse d'être la femme que je suis parce que je le suis devenue à force de volonté, de travail sur moi, d'introspection et de prises de risques, aussi. Ma vie a été sans cesse ponctuée de risques et j'ai longtemps pensé de moi que je ne savais pas me satisfaire de ce que j'avais, raison pour laquelle je prenais ces risques. Maintenant que je suis la femme que j'ai toujours voulu être, je sais que cette part de risque est inhérente à ma personnalité. C'est elle qui rend ma vie si trépidante, si intéressante, si joyeuse. Car, en y regardant de plus près, tout dans ma vie est risques.

Écrire des chansons et prendre le risque qu'elles ne plaisent pas au public.

Monter sur scène et prendre le risque que la salle soit vide.

Prendre la parole et risquer de ne pas être écoutée.

Écrire un film et prendre le risque qu'il ne soit jamais diffusé.

Se montrer tel que l'on est et risquer les critiques.

Revendiquer sa transidentité et risquer d'être mis au ban de la société.

Tout est risqué.

Moi, du haut de mon 1,67 mètre et avec mes textes, ma musique, mes chorégraphies, mes vidéo-clips hauts en couleur, mon documentaire, mon engagement pour défendre les droits des personnes LGBTQIA+, j'ai pris le contrepied de tout ça. J'ai bouleversé l'ordre établi, pour faire de chaque risque une opportunité, une chance, une découverte, une aventure.

Écrire des chansons pour parler au monde.

Monter sur scène pour faire le spectacle.

Prendre la parole pour porter un message de tolérance.

Écrire un film pour montrer que devenir moi était possible.

Revendiquer ma transidentité pour prêter ma voix à celles et ceux qui n'en ont pas.

Comme l'explique si bien Samuel Perche-Jeannet, président de l'association OriZon, dans mon documentaire, la pratique artistique a de tout temps été un merveilleux outil de révolte. Je pense à *Guernica*, toile à travers laquelle Picasso dénonçait les atrocités de la guerre civile espagnole, à tous les auteurs engagés que l'on nous enseigne au collège et au lycée, Victor Hugo, Albert Camus, Émile Zola et tant d'autres, à tous ces musiciens qui à travers leurs textes traduisent leurs pensées. Je n'échappe pas à cette règle. Mon art est mon arme pour délivrer un message de tolérance, de bienveillance, de respect, et pour prôner la diversité comme valeur fondamentale et fondatrice de notre culture.

La seule ombre qui demeure au tableau, finalement, reste pour le moment la question des relations amoureuses. Quand j'habitais le corps d'un homme, je vivais des relations amoureuses homosexuelles et tout allait bien. Vivre une relation avec une femme transgenre reste difficile à admettre pour certains hommes. Cela les renvoie à leurs propres questionnements sur leur propre sexualité, sur le regard des autres, les jugements éventuels. Finalement, cela les oblige surtout à se confronter à eux-mêmes, bien plus qu'à l'idée que les autres se font de leur relation. Mais aussi étonnant que cela puisse paraître, ce n'est pas la difficulté majeure que je rencontre dans ces relations amoureuses. Le plus difficile, c'est la perception que les hommes ont de moi. L'image qu'ils connaissent est faite de strass, de paillettes, de show. Une fois que je suis démaquillée, vêtue d'un jean et d'un tee-shirt, ils découvrent une femme authentique, simple, sincère, et non la diva à laquelle ils s'attendaient. Ça les rassure bien sûr. Et en même temps, accepter une relation avec une femme comme moi, c'est aussi embrasser l'artiste, se frotter à la reconnaissance, à la notoriété, à une vie que ces hommes estiment trop particulière pour leur simplicité à eux. J'ai longtemps cru que la transidentité était la seule cause de cette existence souvent faite de solitude aussi.

Et je me suis trompée.

Si la transidentité ne facilite évidemment pas les relations amoureuses, elle n'est pas une barrière infranchissable, la notoriété les complique davantage, en véhiculant une image faussée, en générant des peurs et des frustrations.

J'aimerais, bien entendu, partager ma vie avec un homme, connaître le grand amour, croire en mon côté fleur bleue, nourrir des projets à deux. J'aimerais tant ! Mais, à bientôt 40 ans, je me résigne, avec le temps. Finalement, je finis par me dire que cette solitude-là est certainement le prix à payer pour être la femme que je suis.

Quand j'étais enfant, j'avais le sentiment que lorsque je serais grande, tout serait autrement, différent, plus grand, plus beau, plus lumineux. Sans avoir conscience de ma singularité, j'avais en moi cette intime conviction que tout allait changer. Pourtant, je n'avais aucun accès aux médias, les réseaux sociaux n'existaient pas, ma curiosité ne dépassait pas le bout de mon quartier et la scène sur laquelle je dansais des heures. Il y avait donc peu de chances qu'à cette époque, j'aie eu conscience que l'on ne naît pas tous dans la bonne identité de genre.

Enfant, je ne ressentais pas vraiment de mal-être, mais simplement le fait que plus tard, un jour, tout serait différent. Je n'imaginais pas alors la voie qui serait la mienne, ni combien ma vie allait changer.

Louïz à la scène, je m'appelle Jovanie Louise sur mon état civil. Jovanie : le prénom que mes parents ont choisi pour moi à ma naissance. Louise : le nom de famille de mon père, que je porte fièrement à la fois pour lui rendre hommage et pour lui montrer, avec tendresse et poésie, qu'il n'y a pas besoin d'être un garçon pour perpétuer le nom dans une famille. N'importe quelle femme en est capable !

Aujourd'hui, quand mes pensées me font voyager de ma case en bois sous taule à l'affiche de mon visage dans les rues de Saint-Denis de La Réunion, je mesure le chemin parcouru.

Je regarde mon passé avec bienveillance et mon avenir avec assurance. J'ai confiance en mon avenir, ma carrière est sur des rails dont je ne vois pas la fin, les projets se multiplient et je les dévore tous avec le même appétit. Ma vie est belle, et je le revendique haut et fort pour montrer aux personnes stigmatisées pour leur identité sexuelle, leur couleur de peau, leur identité de genre, leur physique, que chacun a le pouvoir d'être libre, parce que la liberté donne des ailes.

Je m'appelle Jovanie Louise.
J'ai 39 ans.
Je suis artiste.
J'ai été chrysalide durant trente-quatre ans.
Aujourd'hui, je suis papillon.

Remerciements

À vous mes proches,

Merci à toi, ma maman, mon roc, ma source d'inspiration, mon modèle de femme forte, et combative, qui as perdu tes parents à l'âge de quinze ans, qui as dû abandonner ton rêve de devenir infirmière pour travailler toute ta vie en tant que femme de ménage, mais qui nous a malgré tout donné, à nous, tes enfants, une belle éducation basée sur des valeurs d'amour, de respect, de générosité.

Merci à vous, Colette et Florence, mes chères sœurs, qui me soutenez envers et contre tout.

Merci à toute ma famille, neveux, oncles, tantes, cousins, cousines qui avez accueilli ma transition avec beaucoup de bienveillance, sans jamais chercher à être intrusifs.

Merci à vous mes précieux amis, ma famille de cœur, qui êtes là dans les bons comme dans les

mauvais moments, et avec qui je partage tant de belles aventures.
Merci à toi, mon papa, mon étoile, celui que j'ai tenté de rendre fier toute sa vie durant parce que je culpabilisais de ne pas être le fils qu'il aurait aimé que je sois. Toi qui es parti bien trop tôt, avant même de connaître la femme que je suis devenue, toi avec qui, à mon grand regret, Louïz n'aura jamais de photo souvenir. Merci de me guider de là où tu es et d'être désormais la lumière sur mon chemin.
Merci à vous, public, qui me suivez depuis tant d'années dans mes folles aventures artistiques, pour votre soutien et tout l'amour que vous m'envoyez.
Merci à toi, ma Flo, d'avoir donné vie à mes mots de manière aussi fidèle, merci pour ces heures de confidences, de partage, pour ton incroyable bienveillance et pour cette belle aventure que nous avons vécue pour écrire ce livre qui m'a fait grandir encore plus.
Merci à toi, Fred, de m'avoir convaincue de me lancer dans cette folle aventure.
Enfin à toi, celui que je n'ai pas encore rencontré, mais qui, je le sais, sera la cerise sur le gâteau de cette vie déjà si épanouissante. J'ai longtemps pensé qu'être malheureuse en amour était le prix à payer pour vivre ma vie de femme. Mais écrire ce livre a contribué à changer mon regard sur tout cela et à être encore plus fière de celle que je suis aujourd'hui… Je suis intimement convaincue que tu es là quelque part, et que nos routes se

croiseront bientôt… Quand ça arrivera, sache que malgré ma vie folle et trépidante, qui est parfois peut-être difficile à suivre, je suis une grande amoureuse de l'amour et qu'il me tarde de former avec toi cette belle équipe qui nous mènera vers de nouvelles aventures, toutes aussi riches et intenses que celles que je vis aujourd'hui.

Achevé d'imprimer en octobre 2023
sur les presses de la Nouvelle Imprimerie Laballery
58500 Clamecy
Numéro d'impression : 310190

Imprimé en France

La Nouvelle Imprimerie Laballery est titulaire de la marque Imprim'Vert®